交通运输实务与经济管理决策研究

何建能　唐　进　王　梨　著

哈尔滨出版社
HARBIN PUBLISHING HOUSE

图书在版编目（CIP）数据

交通运输实务与经济管理决策研究 / 何建能，唐进，王梨著. -- 哈尔滨 : 哈尔滨出版社，2025. 3. -- ISBN 978-7-5484-8434-9

Ⅰ. F512

中国国家版本馆 CIP 数据核字第 2025YU5329 号

书　　名： 交通运输实务与经济管理决策研究
JIAOTONG YUNSHU SHIWU YU JINGJI GUANLI JUECE YANJIU

作　　者： 何建能　唐　进　王　梨　著

责任编辑： 费中会

出版发行： 哈尔滨出版社（Harbin Publishing House）

社　　址： 哈尔滨市香坊区泰山路 82-9 号　**邮编：** 150090

经　　销： 全国新华书店

印　　刷： 北京鑫益晖印刷有限公司

网　　址： www. hrbcbs. com

E - mail： hrbcbs@ yeah. net

编辑版权热线：（0451）87900271　87900272

销售热线：（0451）87900202　87900203

开　　本： 880mm×1230mm　1/32　**印张：** 5. 75　**字数：** 145 千字

版　　次： 2025 年 3 月第 1 版

印　　次： 2025 年 3 月第 1 次印刷

书　　号： ISBN 978-7-5484-8434-9

定　　价： 58. 00 元

服务热线：（0451）87900279

前　言

交通运输实务与经济管理决策研究是当代社会经济发展中的重要课题,其重要性不仅体现在促进区域间经济联系与资源优化配置方面,更在于其对国家整体经济结构的优化升级和可持续发展能力的深远影响。从宏观角度来看,交通运输作为国民经济的基础性产业和服务性产业,其发展与国家经济的整体运行状况紧密相关,是连接生产与消费、促进区域协调发展的重要纽带。随着全球化和信息化的加速推进,交通运输行业面临着前所未有的机遇与挑战。一方面,交通运输网络的不断完善和交通工具的现代化,极大地提高了物流效率,降低了运输成本,促进了商品和服务的广泛流通,从而推动了经济的快速增长。另一方面,交通运输行业也面临着资源约束、环境污染、交通拥堵等多重压力,这对交通运输实务与经济管理决策提出了更高的要求。深入研究交通运输实务与经济管理决策,不仅有助于优化交通运输资源配置,提升交通运输效率和服务质量,更有助于推动交通运输行业的绿色、低碳、可持续发展,为实现国家经济的高质量发展提供了有力支撑。

本书共分为六章,从交通运输系统概述出发,第一章定义了交通运输及其分类,并探讨其在现代经济中的核心作用。第二章至第四章深入分析了物流与供应链管理的关系、成本控制及特殊运输需求,交通运输的经济环境、市场需求、竞争格局与消费者行为,以及交通运输对环境的影响和绿色交通策略。第五章转向交通运输的融资与投资,包括融资模式、投资回报及风险管理。第六章则聚焦于人力资源管理,涵盖招聘、培训、绩效考核及激励设计。全书系统地探讨了交通运输的多维度问题,为行业提供全面指导。

本书内容全面,理论与实践相结合,既适合交通运输领域的学者和研究人员,也适合相关行业的管理者和从业人员参考使用。

目　录

第一章　交通运输系统概述

第一节　交通运输的定义与分类

一、交通运输的定义

交通运输不仅承载着人、货物及信息在不同地理空间中的流动与传递，更是现代文明进步与繁荣的基石。它深深植根于国家综合交通运输体系这一庞大而复杂的框架之中，该体系通过精心构建的公共交通网络及配套设施，如铁路、公路、航道、机场及通信线路等，为多样化的交通运输方式提供了坚实的物理基础。这些方式包括但不限于铁路运输的稳重高效、公路运输的灵活便捷、水路运输的大容量低成本、航空运输的高速远距离覆盖，以及管道运输的安全连续。它们相互补充、协同作业，共同编织了一张涵盖广泛、功能齐全的交通运输网。进一步而言，交通运输超越了单一物理移动的范畴，它融合了基础设施的布局与优化、运载工具的技术革新、服务对象的多元化需求满足，以及运输组织模式的不断创新，形成了一个集技术、经济、社会于一体的综合性行业。作为国民经济的“传送带”，交通运输不仅促进了资源的高效配置与市场的深度融合，还极大地推动了社会生产力的提升与人民生活质量的改善。从更宽泛的视角审视，交通运输与邮电通信紧密相连，后者包括邮政服务的普遍覆盖与电信技术的飞速发展，共同构成了信息流通与物质交换的双重网络，对于促进经济发展、加深社会交流、维护国家安全具有不可估量的价值。

二、交通运输的分类

（一）按运输方式分类

1. 铁路运输

铁路运输，作为现代交通运输体系中的重要组成部分，凭借其运量大、速度快、安全性高、能耗低等独特优势，在全球物流网络中扮演着至关重要的角色。这一运输方式不仅促进了资源的有效配置，还极大地推动了区域经济的均衡发展。铁路运输的优越性首先体现在其运量之大上，一列火车能够承载的货物量远超公路运输，使得其在大宗货物运输中具有无可比拟的成本效益（图1-1）。铁路网络的完善与高速列车的普及，使得铁路运输在速度上也具备了显著优势，尤其是在长距离运输中，能够大幅缩短货物在途时间，提高物流效率。安全性是铁路运输的另一大亮点。相较于其他运输方式，铁路系统有着更为严格的安全管理制度和更为完善的安全设施，如先进的信号系统、严格的轨道维护以及专业的驾驶员培训，这些都极大地降低了事故发生的概率，保障了货物和人员的安全。此外，铁路运输在能耗方面表现出色，其单位运输量的能耗远低于公路和航空运输，符合绿色物流的发展趋势，有助于减少碳排放，保护环境。铁路运输还具备高度的组织性和计划性，通过精确的列车调度和高效的装卸作业，能够实现货物的快速周转和准时到达。

2. 公路运输

相较于其他运输方式，公路运输的最大优势在于其网络的广

图 1-1　铁路运输

泛覆盖和高度可达性。无论是城市间的干线公路，还是乡村间的支线道路，都构成了密集而灵活的运输网络，使得公路运输能够直接到达货物的起点和终点，实现真正的门到门服务，极大地满足了客户对于货物快速、准确送达的需求。由于不受固定线路和班次的限制，公路运输可以根据货物的具体情况和市场需求，灵活调整运输路线、时间和车辆类型，适应各种复杂多变的运输场景（图 1-2）。这种灵活性不仅体现在货物的种类和数量上，还体现在对紧急运输需求的快速响应上，使得公路运输在应对突发事件、保障物资供应方面发挥着不可替代的作用。

3. 水路运输

水路运输以其运量大、成本低、适合长距离运输的特点，这使得水路运输在国际贸易和大宗货物运输中发挥着不可替代的作用。相较于其他运输方式，水路运输的最大优势在于其低廉的成本。由于船舶的载货量大，且水运的燃料消耗相对较低，使得水路运输的单位运输成本远低于公路和航空运输，尤其是在长距离运输中，这种成本优势更加显著。水路运输的另一个显著特点是其

图 1-2　公路运输

运量大。一艘大型货轮能够承载的货物量往往达到数十万吨,是公路和铁路运输难以比拟的(图 1-3)。这使得水路运输在运输大宗货物,如煤炭、铁矿石、粮食等原材料时,具有极高的效率和经济性。随着全球贸易的不断增长和港口设施的不断完善,水路运输的国际化程度也在不断提高,为国际贸易的便利化提供了有力支撑。

图 1-3　水路运输

4. 航空运输

航空运输以其速度快、跨越能力强的特点，在长途、高价值、时效性强的货物运输中占据了独特地位（图1-4）。相较于其他运输方式，航空运输的最大优势在于其速度。飞机的高速度使得货物能够在极短的时间内跨越长距离，满足紧急运输和时效性要求极高的货物需求。对于需要快速响应市场变化的企业来说，航空运输提供了最为快捷的物流解决方案。航空运输的跨越能力也是其独特之处。无论是跨越大洋还是翻越高山，航空运输都能够轻松实现货物的远距离运输，不受地理条件的限制。这使得航空运输在国际贸易、紧急救援、医疗物资运输等领域发挥着重要作用，成为连接不同国家和地区的重要物流桥梁。此外，航空运输还具备高度的安全性和可靠性。航空业对于安全有着极为严格的要求和标准，从飞机制造、维护到飞行操作，都经过了严格的审查和监管。

图1-4　航空运输

5. 管道运输

管道运输作为一种特殊的运输方式，以其运量大、损耗小、安全可靠、连续性强等特点，在长距离、大批量的流体和气体货物运输中发挥着重要作用。管道运输的最大优势在于其连续性和高效性。通过密闭的管道系统，流体和气体货物可以在不受外界环境干扰的情况下，连续不断地进行运输，实现了高效、稳定的物流通道。这种连续性不仅提高了运输效率，还减少了货物的损耗和浪费，降低了运输成本。管道运输的安全性也是其显著特点之一。相较于其他运输方式，管道运输在运输过程中不涉及人员操作，减少了人为因素导致的安全事故风险。管道系统通常埋在地下或海底，避免了与地面交通的冲突和干扰，进一步提高了运输的安全性。

（二）按运输对象分类

1. 客运服务

客运服务作为交通运输体系的重要组成部分，其核心在于满足人们的出行需求，涵盖公商务、旅游、通勤等多个领域。客运服务的首要特征是注重乘客的舒适性和便捷性，这不仅是提升服务品质的关键，也是现代交通运输业竞争的核心要素。随着全球经济一体化的加速发展，商务活动日益频繁，时间成为商务人士最为宝贵的资源。因此，客运服务必须提供快速、可靠的运输方式，确保商务人士能够准时到达会议地点、商务洽谈或合作伙伴的城市。高铁、航空等快速交通工具的普及，以及智能化的票务预订系统和行程规划服务，极大地提升了公商务出行的便捷性和效率，使得跨城市甚至跨国界的商务活动变得更加容易和高效。旅游业作为服务业的重要组成部分，其发展水平在很大程度上取决于游客的满意度。客运服务在旅游中扮演着至关重要的角色，从机场、火车站到旅游目的地的接送服务，再到景区内的交通安排，每一个环节都需精心设计，以确保游客能够轻松、愉快地到达目的地，并享受整个旅行过程。舒适的座椅、清洁的车厢环境、友好的服务人员以及丰富的娱乐设施，都是提升旅游客运服务质量的关键因素。在大城市，由于职住分离现象普遍，通勤成为许多市民日常的一部分。客运服务需提供稳定、准时的公共交通服务，如地铁、公交等，以减少通勤时间，提高出行效率。

2. 货运服务

货运服务不仅关乎货物的物理移动，更涉及整个供应链的高效运作。在货运服务中，安全性和时效性是两大核心要素，它们直接关系着货物的完好无损和及时送达，进而影响企业的运营效率和客户满意度。在运输过程中，货物可能面临各种风险，如损坏、丢失、延误等。因此，货运服务需采取一系列措施来确保货物的安全。这包括使用专业的包装材料、选择合适的运输方式、加强运输过程中的监控和管理等。货运企业还应建立完善的赔偿机制，以应对可能出现的货物损失或损坏情况，为货主提供有力的保障。在快速变化的市场环境中，时间成为企业竞争的重要资源。货运服务需通过合理的运输组织和物流管理，确保货物能够及时、准确地到达目的地。这要求货运企业具备高效的运输网络、先进的物流信息系统以及专业的物流团队，以实现货物的快速周转和准时交付。通过优化运输路线、提高装卸效率、加强与其他物流环节的协同合作，货运服务能够为企业提供更快捷、更可靠的物流服务，助力企业在激烈的市场竞争中脱颖而出。

(三)按运输性质分类

1. 普货运输

普货运输,作为物流运输中最基础也是需求量最大的一环,主要涉及食品、日用品、服装等一般商品的运输。这类货物通常对运输条件要求不高,但对运输的时效性和成本控制有较高要求。因此,普货运输的核心在于如何通过高效的运输组织和成本控制,满足大规模、高频次的运输需求。为了实现这一目标,物流企业需构建完善的运输网络,包括合理的运输线路规划、高效的仓储与分拣系统以及灵活的运输资源配置。通过运用先进的物流信息技术,如物联网、大数据分析等,企业可以实现对运输过程的实时监控和优化调度,减少空驶率,提高车辆利用率,从而降低成本。采用标准化的运输包装和装载技术,可以有效保护货物安全,减少运输过程中的损耗。

2. 危险品运输

危险品运输,由于其运输对象的特殊性,对运输条件和安全措施有着极高的要求。易燃易爆品、毒害品等危险物品在运输过程中一旦发生事故,不仅会造成财产损失,更可能危及从业人员生命安全和环境安全。因此,危险品运输必须遵循严格的安全规范和监管要求。首先,危险品运输需使用专门的运输设备和容器,这些设备需经过特殊设计和认证,以确保在运输过程中能够安全地容纳和隔离危险物品。运输车辆需配备必要的安全装置,如防爆装置、紧急切断阀等,以应对可能的紧急情况。其次,危险品运输对驾驶员和押运人员的专业素质有严格要求。他们必须接受专业的安全培训,熟悉危险品的性质、运输规则及应急处理措施,确保在运输过程中能够正确操作和应对突发情况。此外，危险品运输还需严格遵守国家和地方的法律法规，办理相关许可和审批手续，确保运输活动的合法性和合规性。

3. 特种货物运输

特种货物运输，主要涉及大型设备、特殊形态的货物或需要特殊运输条件的货物，如机器设备、建筑材料、艺术品等。这类运输对运输设备和运输组织有特殊要求，需要采取特殊的运输方案和技术措施。特种货物运输的关键在于定制化。根据货物的具体尺寸、重量、形状及运输要求，物流企业需设计个性化的运输方案，包括选择合适的运输工具（如平板车、低架车、集装箱等）、制订详细的运输路线和装卸计划，以及安排专业的运输团队和技术人员。技术创新在特种货物运输中发挥着重要作用。通过应用先进的物流技术，如3D打印技术用于制作特殊形状的包装材料、智能监控系统用于实时监测货物状态、无人机或机器人技术用于复杂环境下的装卸作业等，可以大幅提升特种货物运输的效率和安全性。特种货物运输还需注重与客户的紧密沟通与合作。通过深入了解客户的需求和期望，物流企业可以提供更加精准、个性化的服务，满足客户的特殊运输需求，建立长期的合作关系。

（四）按运输距离分类

1. 短途运输

短途运输，通常指运输距离在几十公里以内的物流活动，是连接供应链上下游的重要环节。这类运输以公路运输为主，得益于其高度的灵活性和便捷的通达性，能够迅速响应市场需求，实现货物的快速周转。短途运输的灵活性体现在多个方面。首先，公路运输网络发达，覆盖广泛，能够深入城市、乡村等各个角落，满足多样化的运输需求。其次，运输车辆类型多样，从小型货车到重型卡车，可根据货物性质、数量及运输要求灵活选择，提高运输效率。此外，短途运输通常不涉及复杂的跨境手续或长途跋涉，减少了运输过程中的不确定性和风险，使得运输过程更加可控。在策略选择上，短途运输应注重提高运输的响应速度和服务质量。通过运用先进的物流信息技术，如物联网、大数据分析等，实现运输过程的实时监控和优化调度，确保货物能够准时、安全地送达目的地。加强与客户、供应商及承运商之间的沟通与协作，建立紧密的合作关系，提高运输链的整体协同效率。短途运输的优势在于其能够快速响应市场变化，满足消费者对速度和服务质量的高要求。对于需要频繁补货、快速配送的零售和餐饮等行业而言，短途运输的灵活性和高效性尤为重要。

2. 中途运输

中途运输，通常指运输距离在几百公里以内的物流活动，是连接区域市场、实现货物跨区域流动的关键环节。这类运输可根据具体情况选择公路、铁路或水路等运输方式，以实现运输成本、效率与环保之间的平衡。在中途运输中，运输方式的选择需综合考虑多种因素。对于时效性要求较高、价值较高的货物，公路运输因其快速、灵活的特点成为首选。而对于大宗货物、长距离运输，铁路和水路运输则因其运量大、成本低、环保等优势更具竞争力。此外，随着多式联运的发展，将不同运输方式进行有效组合，可以实现运输效率的最大化。策略选择上，中途运输应注重运输方式的优化组合和成本控制。通过构建完善的运输网络，实现不同运输方式之间的无缝衔接，减少中转环节和等待时间。运用先进的物流管理系统,对运输过程进行精细化管理,提高运输资源的利用率和运输效率。中途运输的优势在于其能够根据不同的运输需求和货物特性,灵活选择运输方式,实现运输成本、效率与环保之间的最佳平衡。对于需要跨区域配送、大宗货物运输的企业而言,中途运输的多元性和灵活性为其提供了更多的选择和可能性。

3. 长途运输

长途运输,通常指运输距离在几百公里以上的物流活动,是连接国内外市场、实现货物远距离流动的重要手段。这类运输以铁路、水路和航空运输为主,具有运量大、速度快、成本低等优点,是物流运输体系中的重要组成部分。长途运输的规模化体现在其能够承载大量货物的远距离运输。铁路和水路运输因其运量大、成本低的特点,成为长途运输的主要方式。而航空运输则因其速度快、安全性高的优势,在紧急货物、高价值货物的长途运输中占据重要地位。通过运用先进的运输技术和设备,如高速列车、大型货轮和宽体客机,长途运输能够实现货物的快速、安全、高效运输。在策略选择上,长途运输应注重运输效率的提升和成本控制。通过优化运输线路、提高运输速度、减少中转次数等措施,降低运输成本和时间成本。加强与国际物流企业的合作与交流,拓展国际运输网络,提升长途运输的国际化水平。长途运输的优势在于其能够实现货物的远距离、大规模运输,满足国内外市场对货物的需求。对于需要跨国配送、大宗货物运输的企业而言,长途运输的规模化、效率化和国际化为其提供了有力的支撑和保障。

(五)按运输组织方式分类

1. 单一运输方式

单一运输方式,即整个运输过程仅依赖一种运输工具或方式,如公路运输、铁路运输、水路运输、航空运输和管道运输等。这种运输方式的特点在于其专业化和效率化。每种运输方式都有其独特的运输设备和专业团队，对特定类型的货物或运输需求具有高度的适应性和专业性。例如，公路运输适用于短途、高频次的货物运输，能够灵活应对市场变化；铁路运输则在大宗货物、长距离运输中展现出成本优势；水路运输因其运量大、成本低，成为国际贸易中的首选；航空运输则以速度快、安全性高著称，适用于高价值货物或紧急物资的运输；管道运输则专用于液体、气体等特定货物的长距离、连续运输。由于整个运输过程仅使用一种运输方式，避免了不同运输方式之间的转换和衔接，减少了中转环节和等待时间，提高了运输效率。

2. 联合运输方式

联合运输方式，即使用两种或两种以上的运输工具或方式共同完成整个运输过程。这种运输方式能够充分发挥各种运输方式的优势，提高运输效率和经济效益。联合运输方式的核心优势在于其综合性和协同性。通过合理组合不同运输方式，可以充分利用各种运输方式的优点，弥补单一运输方式的不足。例如，对于长距离、大宗货物的运输，可以采用铁路或水路运输作为主要运输方式，以降低运输成本；而在货物集散地或目的地附近，则可以使用公路运输进行短途配送，提高运输效率。这种组合方式既发挥了铁路和水路运输的运量大、成本低的优势，又利用了公路运输的灵活性和便捷性。此外，联合运输方式还能够实现运输过程的优化和协同。通过加强不同运输方式之间的衔接和配合，可以减少中转环节和等待时间，提高运输效率。

第二节　交通运输在现代经济中的作用

一、促进经济增长与区域发展

（一）交通运输：经济活动的纽带与流通体系的基石

在经济活动中，交通运输扮演着连接生产与消费、促进资源有效配置的纽带角色。从生产到消费的整个价值链中，交通运输确保了原材料、半成品及最终产品的物理移动，使得生产过程得以连续进行，消费市场得到及时供应。这一过程不仅关乎速度与效率，更直接影响着生产成本与市场竞争力。例如，高效的物流系统能够减少库存积压，降低仓储成本，同时加快资金周转，提升整体经济效率。进一步地，交通运输的发展促进了市场一体化，打破了地理界限，使得不同区域间的经济联系更加紧密。通过降低运输成本，提高了跨区域贸易的可行性，促进了商品与服务的自由流通，加速了市场信息的传播，从而增强了市场机制的调节作用。此外，交通运输的改善还有助于提升国际贸易的便利性，促进全球经济一体化，为各国经济提供了更广阔的发展空间。在更深层次上，交通运输系统的完善也是实现可持续发展目标的关键。通过优化运输结构，推广绿色低碳的交通方式，如铁路、水运等，可以有效降低能源消耗与环境污染，促进经济与环境的和谐共生。

（二）交通运输网络：区域经济发展的催化剂与增长极的形成

高速公路、铁路干线、航空枢纽等关键基础设施的建设，不仅直接提升了区域间的通达性,还通过“溢出效应”带动了沿线或周边地区的经济发展。这些交通节点往往成为经济活动与人口聚集的中心,促进了城市化进程,加速了区域经济的一体化与均衡发展。具体而言,交通基础设施的改善能够吸引投资,促进产业集聚。企业在选择生产地点时,往往会优先考虑交通便利的地区,以降低成本,提高市场响应速度。因此,交通节点附近往往形成产业园区、物流中心等,成为区域经济增长的极核。这些增长极通过产业关联与溢出效应,带动周边地区的产业升级与经济发展,形成“点—轴—面”的区域发展模式。此外,交通运输网络的完善还促进了旅游、商贸等服务业的发展,增加了就业机会,提高了居民生活水平。交通的便利使得旅游资源得到更好开发,吸引了大量游客,带动了地方经济的繁荣。

(三)交通运输便利性:产业布局优化的关键与经济增长极的塑造

高效的交通运输系统能够显著降低企业的物流成本,提高市场响应速度,从而吸引企业向交通便捷的地区聚集,形成产业集群与经济增长极。这种集聚效应不仅提升了区域的经济密度与产业关联度,还促进了技术创新与产业升级。在全球化背景下,企业为了降低成本,提高竞争力,往往会选择交通便利的地区作为生产基地或物流中心。这些地区通常拥有良好的基础设施、完善的服务体系以及较高的市场可达性,为企业的发展提供了有利条件。当大量相关企业在某一地区集聚时,可以通过共享资源、降低成本、促进创新等方式提高整体竞争力。这种集群效应不仅有助于提升区域经济的专业化水平,还能形成品牌效应,吸引更多企业加入,进一步推动区域经济的增长。随着交通技术的不断进步与交通网络的日益完善，传统产业可以更加便捷地获取外部资源与市场信息，推动技术创新与产业升级。

二、提升社会福祉与生活质量

（一）出行便捷性的提升：技术革新与网络优化下的生活品质跃升

随着交通运输技术的持续革新，如高速铁路、智能公共交通系统、电动汽车与自动驾驶技术的快速发展，以及全球定位系统与移动支付等信息技术的广泛应用，人们的出行方式正经历着前所未有的变革。这些技术进步不仅极大地缩短了空间距离，提高了出行速度，还通过智能化、个性化的服务提升了出行的舒适度与安全性，使得出行变得更加便捷与高效。公共交通系统的优化是提升出行便捷性的关键一环。城市地铁网络的扩展、公交线路的合理布局以及公交优先制度的实施，有效缓解了城市交通拥堵，提高了公共交通的吸引力与覆盖率。智能交通系统的引入，如实时路况监测、公交到站预测等，进一步提升了公共交通的服务质量与乘客体验，使得更多人愿意选择公共交通作为日常出行方式。私家车保有量的增加与共享出行模式的兴起，也为人们提供了更多元化的出行选择。共享单车、共享汽车、网约车等新型出行方式的出现，不仅满足了个性化出行的需求，还通过资源的高效利用减少了城市交通压力，促进了绿色出行理念的普及。

（二）就业机会的创造：交通运输行业的经济引擎作用

交通运输行业的发展是经济增长的重要驱动力之一，其直接带动了交通设施建设、运输服务、物流管理等相关产业链上就业岗位的增加。随着交通基础设施投资的不断加大,如高速公路、铁路、机场等大型项目的建设,不仅创造了大量的直接就业机会,还通过产业链的延伸与辐射效应,间接促进了上下游产业的发展,如建筑材料、机械制造、电子信息等领域,进一步扩大了就业规模。交通运输的改善还极大地促进了旅游业、商贸业等第三产业的发展。交通的便捷使得旅游资源的可达性提高,吸引了大量游客,带动了旅游业的繁荣,创造了从导游、酒店服务到旅游产品开发等一系列就业机会。商贸活动的频繁也促进了物流、仓储、电子商务等行业的快速发展,为社会提供了更多的就业岗位,提高了就业结构的多样性与灵活性。此外,交通运输行业的科技创新与智能化转型也为就业市场带来了新的机遇。智能交通系统、自动驾驶技术的研发与应用,不仅需要大量的科研人员与技术人员,还催生了如数据分析、云计算、人工智能等新兴职业,为就业市场注入了新的活力。

(三)社会公平的促进:交通运输普及下的资源均衡与机会均等

交通运输的普及与提升是缩小城乡、区域间差距,促进资源均衡分配的重要手段。公共交通系统的完善,特别是农村客运网络的建立与优化,为农村地区提供了更为便捷、经济的出行方式,使得农民能够更方便地获取教育资源、医疗服务与市场信息,促进了城乡间的交流与融合,有助于缓解城乡发展不平衡的问题。交通运输的改善还促进了区域间的经济联系与资源共享。交通网络的完善使得资源能够更高效地流动与配置,促进了区域经济的协同发展。特别是对于偏远地区与欠发达地区而言,交通的改善为其提供了接入全国乃至全球市场的机会,有助于激发其经济潜力,缩小与发达地区的差距。此外,交通运输的普及还有助于提升社会的整体福祉,促进社会公平。公共交通的便捷与经济性为低收入群体提供了更多出行的选择,降低了其生活成本,提高了其生活质量。

三、推动国际贸易与全球化进程

(一)交通运输

在国际贸易体系中,交通运输扮演着至关重要的角色,它是商品与服务跨国界流动的物理基础,确保了全球贸易的顺畅进行。海运、空运、陆运等多种运输方式的结合,构成了一个复杂而高效的全球物流网络,这一网络不仅缩短了地理距离,更通过提升运输效率与降低成本,促进了国际分工的深化与合作的加强。海运作为国际贸易中最主要的运输方式,以其大容量、低成本的特点,支撑起了全球大宗商品的流通。随着船舶技术的不断进步与港口设施的日益完善,海运的时效性与可靠性得到了显著提升,为远距离贸易提供了坚实的保障。空运以其快速、灵活的特点,满足了高价值、时效性强的商品运输需求,尤其是在电子产品、医药等行业中发挥着不可替代的作用。陆运则通过铁路、公路等交通网络的完善,实现了区域内及跨境货物的快速转运,为国际贸易的"最后一公里"提供了有力支撑。这些运输方式的有机结合,不仅降低了国际贸易的交易成本,还通过提升物流效率,促进了全球资源的优化配置与国际市场的深度融合。交通运输的发展,使得各国能够依据自身比较优势参与国际分工,实现了生产要素的全球流动与合理配置,推动了全球经济一体化的进程。

(二)交通运输优化供应链管理

在全球供应链体系中,交通运输不仅是商品流动的载体,更是优化供应链管理、提升国际竞争力的核心要素。随着信息技术、物联网技术等的快速发展,交通运输系统正逐步实现智能化、网络化,通过实时跟踪、智能调度等先进技术的应用,极大地提高了供应链管理的效率与精确度。实时跟踪技术使得货物从生产到交付的每一个环节都能被精确监控,不仅提升了物流的透明度,还为库存管理提供了科学依据,有效降低了库存成本。智能调度系统则能够根据交通状况、货物需求等动态信息,自动优化运输路线与配送计划,提高了运输效率与响应速度。这些技术的应用,使得供应链各环节之间的衔接更加紧密,减少了信息不对称与延误,提升了整个供应链系统的灵活性与可靠性。交通运输的优化,不仅降低了企业的物流成本,还通过提升供应链的整体效率,增强了企业的国际竞争力。在全球市场竞争日益激烈的背景下,高效的供应链管理能力成为企业获得市场份额、提升品牌价值的关键。因此,交通运输在优化供应链管理、推动国际贸易高质量发展中的作用不容忽视。

(三)交通运输促进国际经济合作

交通运输的便利化是加强国家间经济联系与合作、推动区域经济一体化与自由贸易协定签订的重要基础。通过改善交通基础设施,提升运输效率,降低贸易壁垒,交通运输为国际经济合作提供了坚实的物理支撑与制度保障。交通运输的便利化也是推动自由贸易协定签订的重要因素。通过降低运输成本,提高贸易效率,交通运输为自由贸易协定的实施提供了有利条件。自由贸易协定的签订,进一步促进了贸易自由化与便利化,加深了国家间的经济融合,为全球经济合作与发展注入了新的动力。

四、促进资源节约与环境保护

(一)绿色交通的发展

面对全球气候变暖与化石能源枯竭的双重挑战,绿色交通的发展已成为交通运输行业转型的必然选择。绿色交通,即以减少环境污染、降低能源消耗、促进生态平衡为目标的交通系统,其核心在于推广新能源车辆、实施公共交通优先策略以及构建智能交通系统。新能源车辆的广泛应用是绿色交通发展的基石。电动汽车、氢能汽车以及混合动力汽车等清洁能源交通工具,以其零排放或低排放的特点,显著降低了交通运输领域的碳排放。行政部门通过提供购车补贴、建设充电基础设施、制定排放标准等措施,鼓励消费者选择新能源车辆,加速了新能源汽车市场的成熟与扩张。公共交通优先策略则是绿色交通发展的另一重要支柱。通过优化公共交通网络、提高公共交通服务质量、实施公交专用道与信号优先等制度,公共交通系统的吸引力与效率得到了显著提升,有效减少了私家车的使用,降低了城市交通的整体能耗与排放。此外,智能交通系统的引入,如实时路况监测、智能调度、自动驾驶等技术,进一步提升了公共交通的便捷性与舒适度,为绿色出行提供了有力支撑。绿色交通的发展不仅有助于应对气候变化与资源约束,还促进了交通运输行业的结构升级与技术创新,为行业的可持续发展奠定了坚实基础。

（二）城市交通拥堵的缓解

城市交通拥堵是现代城市面临的普遍问题，它不仅影响了城市的运行效率，还加剧了环境污染与能源消耗。通过智能交通管理系统与公共交通优化等措施，可以有效缓解城市交通拥堵，提升城市生活质量。智能交通管理系统通过集成先进的信息技术、数据分析与预测模型，实现了交通流量的实时监测与智能调度。通过调整信号灯配时、发布实时路况信息、引导车辆合理分流等措施，智能交通管理系统能够显著降低交通拥堵程度，提高道路通行能力。此外，智能交通管理系统还能够为应急交通管理提供快速响应，如交通事故的快速处理与疏散，进一步提升了城市交通的韧性与安全性。公共交通优化则是缓解城市交通拥堵的另一重要手段。通过增加公共交通线路、提高公交发车频率、优化公交站点布局等措施，公共交通系统的便捷性与吸引力得到了显著提升，吸引了更多市民选择公共交通出行，减少了私家车的使用，从而减轻了城市交通压力。共享出行模式的推广，如共享单车、共享汽车、网约车等，也为市民提供了更多元化的出行选择，进一步降低了市民对私家车的依赖，缓解了城市交通拥堵。城市交通拥堵的缓解不仅提升了城市运行效率，还减少了因拥堵造成的能源浪费与环境污染，为城市的可持续发展提供了有力保障。

（三）物流效率的提升

通过优化运输路线、提高装载率、减少中转次数等措施，可以显著降低物流过程中的能耗与排放，实现资源的有效利用。优化运输路线是提升物流效率的关键。通过运用先进的路径规划算法与实时交通信息，物流企业能够制定出最优的运输路线，减少不必要的行驶距离与时间，从而降低能耗与排放。通过实施多式联运，如公铁联运、海铁联运等，可以进一步发挥各种运输方式的优势，提高整体运输效率。提高装载率则是减少物流能耗与排放的另一有效手段。通过优化货物包装、实施集装箱化运输、推广甩挂运输等方式，可以显著提高车辆的装载效率，减少空驶率，从而降低单位货物的运输成本与环境影响。此外，通过构建智能物流平台，实现货物信息的实时共享与调度，可以进一步提高物流资源的利用效率，减少资源浪费。减少中转次数也是提升物流效率、降低环境影响的重要措施。通过优化物流网络布局、建立区域物流中心与配送站点，可以减少货物在运输过程中的中转次数，缩短运输周期，降低能耗与排放。通过实施绿色仓储管理，如使用节能设备、优化库存管理等，可以进一步减少物流环节的环境影响。

五、推动技术创新与产业升级

（一）交通运输技术的革新

交通运输技术的革新，特别是无人驾驶、智能网联与新能源技术的应用，为交通运输行业带来了前所未有的变革。无人驾驶技术通过集成高精度定位、传感器融合、人工智能算法等先进技术，实现了车辆的自主导航与智能决策，极大地提高了道路行驶的安全性与效率。智能网联技术则通过车与车、车与路、车与人之间的实时通信与信息共享，构建了一个高效协同的交通生态系统，优化了交通流，减少了交通事故，提升了整体交通效率。新能源技术的应用，如电动汽车、氢能汽车等，不仅降低了交通运输的碳排放，还推动了能源结构的转型与升级。新能源汽车以其零排放或低排放的特点，成为减少交通污染、缓解能源压力的有效途径。新能源汽车的普及也促进了电池技术、充电设施以及能源管理系统的快速发展,为交通运输行业的绿色转型提供了有力支撑。交通运输技术的革新不仅提升了交通运输的安全性与效率,还推动了交通运输行业的产业升级。传统交通运输企业纷纷加速技术升级与模式创新,以适应新技术带来的挑战与机遇。

(二)交通基础设施的智能化

通过物联网、大数据、人工智能等先进技术的应用,交通基础设施实现了实时监测、智能调度与高效管理,极大地提高了交通资源的利用效率。物联网技术使得交通设施能够实时感知交通流、路况、天气等多元信息,为交通管理与决策提供了精准的数据支持。大数据技术则通过对海量交通数据的挖掘与分析,揭示了交通运行的内在规律,为交通规划、优化与预测提供了科学依据。人工智能技术则在交通信号控制、路径规划、交通事故处理等方面发挥了重要作用,实现了交通系统的智能调度与高效运行。交通基础设施的智能化不仅提升了交通运输的效率与服务质量,还降低了交通管理的成本与环境影响。通过智能监控与预警系统,交通管理部门能够及时发现并处理交通异常情况,有效减少了交通事故的发生与交通拥堵的形成。

(三)新兴业态的涌现

交通运输技术的革新与基础设施的智能化,为交通运输行业带来了诸多新兴业态,如共享出行、无人配送、智慧物流等。这些新业态不仅丰富了交通运输服务的形式与内容,还推动了相关产业的创新与发展。共享出行模式通过整合闲置车辆与驾驶资源,为用户提供了便捷、经济的出行服务。共享单车、共享汽车、网约车等新型交通方式的出现,极大地缓解了城市交通压力,提高了交通资源的利用效率。共享出行也促进了城市交通结构的优化与绿色出行方式的普及。无人配送与智慧物流则通过应用无人驾驶、机器人、物联网等技术,实现了货物的自动化、智能化配送与仓储管理。无人配送车、无人机等新型配送方式的出现,不仅提高了配送效率与准确性,还降低了配送成本与环境影响。智慧物流系统则通过实时监控、智能调度与优化决策,实现了物流资源的优化配置与高效利用。新兴业态的涌现不仅丰富了交通运输服务的形式与内容,还推动了交通运输行业的产业升级与转型。传统交通运输企业纷纷加速向数字化、智能化、绿色化方向转型,以适应新技术与新业态带来的挑战与机遇。

第二章　物流与供应链管理

第一节　物流与交通运输的关系

一、物流与交通运输的互补性

物流与交通运输在功能维度上展现出极为显著的互补性特征，这一互补性根植于两者在经济活动中的基础性作用及其相互依存的关系之中。物流，作为连接生产源头、销售环节与最终消费终端的关键纽带，其核心使命在于确保物品能够高效、准确地从供应地转移至接收地，从而实现价值的流转与增值。在这一过程中，交通运输不仅是实现物品物理位移的直接载体，更是支撑物流活动顺畅进行的基础设施网络的重要组成部分。具体而言，无论是原材料的初始采购阶段，涉及从供应商到生产企业的物料输送；还是产品分销环节，即将制成品从生产基地运往各级分销商或零售商的仓库；乃至最终面向消费者的配送服务，将商品准确无误地送达消费者手中，交通运输均发挥着不可或缺的作用。它不仅提供了必要的物理移动手段，使得物品能够跨越地理空间的限制，实现跨区域的流动；而且，通过其高度网络化、系统化的布局，交通运输为物流活动的空间组织提供了坚实的框架和支撑，使得物流系统能够在更广阔的范围内进行资源的优化配置和高效调度。进一步而言，交通运输的网络化特性不仅体现在物理层面的道路、铁路、水路、航空等交通线路的交织上，更体现在信息层面的互联互通上。随着信息技术的飞速发展，交通运输与物流系统的信息化融合日益加深，通过先进的物流信息系统与交通运输管理平台的对接，实现了物流数据的实时共享与运输资源的智能调度，从而极大地提升了物流活动的整体效率和响应速度。

二、交通运输对物流效率的影响

在物流活动的全链条中，运输环节不仅承载着物品空间位移的重任，更是物流成本构成的主要部分之一。因此，合理选择并高效运用不同的运输方式，对于优化物流流程、实现成本控制具有至关重要的战略意义。具体而言，公路运输以其灵活性和门到门服务的优势，在短途运输和快速响应市场中占据重要地位；铁路运输则凭借大容量、长距离、低成本的特点，在大宗货物运输中展现出显著的经济性；水路运输，尤其是海运，对于远距离、大批量的货物运输而言，其成本优势尤为突出，是国际贸易和跨国物流链中的核心环节；而航空运输，则以其高速度和高可达性的独特优势，成为紧急、高价值或小批量货物运输的首选。此外，交通运输领域的技术进步与创新，如智能化调度系统的广泛应用、高效装卸设备的迭代升级，以及物联网、大数据等先进信息技术的融合，正深刻改变着物流行业的运作模式。这些技术进步不仅提升了运输工具的运载效率和安全性，还通过优化运输路径、减少空驶率、提高装卸作业效率等方式，显著降低了物流成本，同时增强了物流系统的响应速度和灵活性。智能化调度系统能够实时分析运输需求与资源分布，实现运输任务的精准匹配和动态调整；高效装卸设备则通过自动化、智能化的操作流程，减少了人力依赖，提高了作业效率和准确性。

三、物流需求对交通运输发展的驱动

在全球化浪潮的席卷之下,以及电子商务模式的蓬勃兴起,物流需求呈现出前所未有的爆发式增长态势。这一趋势不仅体现在量的激增上,更在于其对交通运输系统提出了更为严苛的要求,尤其是在容量扩充、速度提升及灵活性增强等方面。为了有效应对这一挑战,交通运输系统必须进行全面而深入的升级与完善。一方面,加大交通基础设施的投资与建设力度,包括拓展公路网络、增设铁路线路、优化港口布局及提升机场吞吐能力等,以物理层面的扩容来满足日益增长的物流运输需求。另一方面,通过技术创新与装备升级,提升运输工具的运载能力和效率,如采用更大载重的货车、更高速度的列车、更节能高效的船舶及飞机等,从而在保持运输成本可控的前提下大幅提升运输速度和可靠性。此外,物流需求的多样化与个性化趋势,也促使交通运输方式不断创新与多元化发展。例如,为了满足消费者对快速配送的需求,快递物流行业催生了诸如无人机配送、无人车配送等新兴运输模式;而针对大宗货物的长途运输,多式联运模式的推广与应用,则有效整合了公路、铁路、水路等多种运输方式的资源,实现了运输效率与成本的最优化。

四、物流与交通运输的协同演化

物流与交通运输在各自的演进路径中,展现出了一种深刻的协同演化特征,这一特征不仅体现在两者间的动态适应与相互塑造上,更在于它们共同构成了现代化经济体系稳健运行不可或缺的双轮驱动。物流需求的不断变化,作为市场经济发展与消费模式升级的直接反映,对交通运输系统提出了持续而多样的挑战。

为了有效应对这些挑战,交通运输系统需进行适应性调整与优化,包括运输网络的重新布局、运输方式的创新组合以及运输服务的灵活化提供,以确保能够高效、精准地满足物流需求的新模式与新要求。

与此交通运输技术的进步与网络体系的完善,为物流活动开辟了新的空间与可能。智能化、信息化技术的融合应用,如大数据分析、物联网技术的普及,以及自动驾驶、无人机配送等新兴运输方式的探索,不仅极大地提升了运输效率与安全性,更为物流服务的创新与升级提供了强大的技术支持。这些技术进步不仅使得物流活动能够跨越传统界限,实现更广泛、更深层次的资源整合与优化配置,还推动了物流行业向智能化、绿色化、服务化方向的转型升级。物流与交通运输之间的这种协同演化关系,是一种基于相互依赖与促进的动态平衡。在物流需求的驱动下,交通运输系统不断革新以适应新的市场环境;而交通运输技术的每一次飞跃,又为物流服务带来了质的飞跃。这种相互作用、相互推动的协同演化机制,不仅促进了物流与交通运输行业自身的持续健康发展,更为现代化经济体系的整体运行提供了坚实的支撑与强大的动力,共同塑造着全球化、信息化时代背景下经济发展的新格局。

第二节　供应链管理的基本理论

一、系统理论

系统理论将供应链视为一个复杂的系统,由多个相互关联的子系统组成。这一理论强调供应链管理的整体优化而非局部优化,认为供应链的整体性能取决于各子系统间的协同作用与相互依赖关系。系统理论的核心在于理解供应链中的相互作用与动态平衡，通过系统分析的方法，识别关键节点与瓶颈环节，以实现供应链整体效能的最大化。在供应链管理实践中，系统理论的应用体现在对整个供应链流程的整合与协调，确保各环节之间的无缝对接与高效运作。

二、合作博弈理论

合作博弈理论是供应链管理中的重要理论基础之一，它强调供应链成员之间的合作与协调。在供应链管理中，合作博弈理论通过分析供应链成员之间的利益分配与合作策略，寻求实现整体利益最大化的解决方案。这一理论认为，供应链成员之间的合作不仅能够减少冲突与内耗，还能通过资源共享、风险共担等方式，提升整个供应链的竞争力。合作博弈理论在供应链管理中的应用体现在建立长期稳定的合作伙伴关系、实施协同计划与预测、共同应对市场变化等方面。

三、交易成本理论

交易成本理论指出，通过供应链管理的有效实施，可以降低交易成本，提高供应链的效率。交易成本理论认为，供应链成员之间的交易成本包括信息搜寻、谈判、监督与执行合约等费用。在供应链管理实践中，通过集中采购、共享信息、协调物流等手段，可以显著降低这些交易成本。此外，建立长期稳定的合作伙伴关系，也有助于减少因信息不对称与机会主义行为导致的额外成本。交易成本理论的应用，使得供应链管理在优化资源配置、提高运营效率方面展现出显著的优势。

四、精益思想

精益思想源于日本的汽车制造业，其核心理念在于消除浪费、提高效率。在供应链管理领域，精益思想的应用体现在对供应链流程的持续优化与改进上。通过识别并消除供应链中的非增值活动，如过度库存、无效运输、等待时间等，精益思想旨在实现供应链流程的精简与高效。此外，精益思想还强调持续改进与顾客导向，鼓励供应链成员不断寻求创新与突破，以满足顾客日益增长的需求与期望。精益思想在供应链管理中的实践，包括实施准时制生产（Just-In-Time，JIT）、拉动式供应（Pull System）等策略，以及采用六西格玛、全面质量管理等方法，提升供应链的整体质量与效率。

五、信息技术理论

信息技术理论强调信息技术在供应链管理中的关键作用。随着信息技术的飞速发展，供应链管理已经实现了从传统的纸质文件传递向数字化、网络化的转型。信息技术理论认为，通过信息技术的应用，可以实现供应链的实时监控、信息共享与协同决策，从而提高供应链的响应速度与灵活性。例如，企业资源计划（Enterprise Resource Planning，ERP）系统、供应链管理系统（Supply Chain Management，SCM）等信息化工具的应用，使得供应链成员能够实时共享生产计划、库存状态、销售数据等信息，实现供应链的协同运作与高效管理。此外，大数据、人工智能、物联网等新兴技术的应用，也为供应链管理带来了更多的可能性与机遇。

六、物流理论

物流理论关注供应链中的物流活动，如运输、仓储、配送等。物流理论强调通过优化物流网络、降低物流成本、提高物流服务质量，以提升供应链的整体性能。在供应链管理实践中，物流理论的应用体现在对物流资源的有效整合与利用上。例如，通过建立区域配送中心、实施共同配送等策略，可以降低运输成本并提高配送效率；通过优化仓储布局与管理流程，可以减少库存积压与损耗；通过提升物流服务质量，可以增强客户满意度与忠诚度。物流理论在供应链管理中的应用，旨在实现物流活动的标准化、自动化与智能化，以支撑整个供应链的顺畅运作。

七、资源横向集成原理

资源横向集成原理揭示了新经济形势下的一种新思维。该原理认为，在经济全球化迅速发展的今天，企业仅靠原有的管理模式和自己有限的资源，已经不能满足快速变化的市场对企业所提出的要求。因此，企业必须放弃传统的基于纵向思维的管理模式，朝着新型的基于横向思维的管理模式转变。资源横向集成原理强调供应链各节点企业均以其能够产生竞争优势的资源来参与供应链的资源集成，在供应链中以其优势业务的完成来参与供应链的整体运作。这种资源集成方式有助于实现供应链成员之间的优势互补与资源共享，从而提升整个供应链的竞争力。

八、多赢互惠原理

多赢互惠原理认为，供应链是相关企业为了适应新的竞争环境而组成的一个利益共同体。供应链各成员企业之间通过协商机制谋求多赢互惠的目标,共同应对市场挑战与机遇。多赢互惠原理强调供应链成员之间的合作与共享而非竞争与对抗,通过建立长期稳定的合作伙伴关系,实现资源、知识、经验的共享与互补。在供应链管理实践中,多赢互惠原理的应用体现在利益分配机制的合理设计、风险共担机制的建立以及共同应对市场变化等方面。

九、动态重构原理

动态重构原理认为,供应链是动态的、可重构的。随着市场环境与客户需求的变化,供应链需要不断调整与优化以适应新的市场条件。动态重构原理强调供应链成员应具备高度的灵活性与适应性,能够快速响应市场变化并调整供应链结构与运作方式。

十、需求驱动原理

需求驱动原理认为,供应链的形成、存在与重构都是基于一定的市场需求。在供应链管理模式下,供应链的运作是以订单驱动方式进行的。这种订单驱动模式使得供应链系统能够准时响应用户的需求,降低库存成本并提高物流速度。需求驱动原理强调供应链成员之间的紧密协作与信息共享,以确保供应链能够快速、准确地响应市场变化与客户需求。在供应链管理实践中,需求驱动原理的应用体现在建立敏捷响应机制、实施协同计划与预测、加强客户关系管理等方面。

十一、快速响应原理

快速响应原理强调供应链成员应具备快速响应市场变化与客户需求的能力。在全球化竞争日益激烈的背景下,市场变化速度加快,客户需求日益多样化与个性化。因此,供应链成员需要具备高度的灵活性与响应速度，以快速调整生产计划、优化物流网络、改进服务质量等方式满足客户需求。

十二、同步运作原理

同步运作原理认为，供应链的同步化运作是实现整体效能最大化的关键。在供应链管理过程中，供应链成员之间的生产计划、物流运作、信息共享等方面需要保持步调一致与高度协同。通过实施同步化运作策略，可以消除供应链中的瓶颈环节与浪费现象，提升整个供应链的运作效率与响应速度。同步运作原理在供应链管理中的应用体现在建立协同计划机制、实施拉动式供应策略、加强信息共享与协同决策等方面。如图 2-1 供应链管理理论。

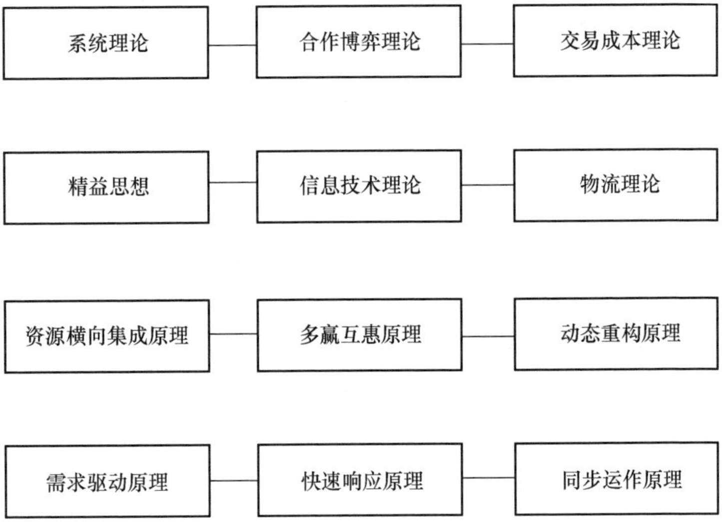

图 2-1　供应链管理理论

第三节　物流成本控制与优化

一、物流成本控制策略

（一）运输成本控制策略的深度剖析与优化

通过构建多层次的运输网络模型，结合地理信息系统（GIS）技术，分析不同节点间的运输距离、时间成本及运输能力，实现运输路径的最优化选择。企业应根据货物的性质、数量、紧急程度及运输成本等因素，综合考虑公路、铁路、水路及航空等多种运输方式的优劣，选择最经济高效的运输组合。与运输供应商建立长期合作关系能够稳定运输价格，提高运输服务质量，降低交易成本。在此基础上，利用运输管理系统（TMS）实现运输过程的可视化和优化，通过实时监控运输状态、优化调度策略、预测运输需求等手段，进一步提高运输效率，降低运输成本。

（二）仓储成本控制策略的深度剖析与优化

通过科学规划仓库的存储区域、通道布局及装卸点位置，减少货物搬运距离，提高仓库空间利用率。采用先进的库存管理方法，如经济订货批量（EOQ）模型、零库存管理等，实现库存量的最小化，降低库存持有成本。通过引入自动化仓储系统、智能仓储技术等，如自动化立体仓库（AS/RS）、自动导引车（AGV）等，实现仓储作业的自动化和智能化，提高作业效率，降低人工成本。此外，加强仓储管理也是降低仓储成本的重要途径。通过建立健全的仓储管理制度，规范仓储作业流程，提高仓储管理水平，减少库存损耗和浪费。

（三）装卸搬运成本控制策略的深度剖析与优化

梳理装卸搬运作业流程，消除无效作业和浪费，提高作业效率。根据货物的性质、数量及作业环境等因素，选择适合的装卸搬运设备和方式，如叉车、吊车、输送带等，提高作业效率和安全性。通过加强对装卸搬运工人的培训和管理，提高作业技能和效率，减少作业时间和成本。通过引入先进的装卸搬运设备和技术，实现装卸搬运作业的机械化、自动化和智能化，提高作业效率，降低人工成本。

（四）包装成本控制策略的深度剖析与优化

采用先进的包装设计理念和技术，如模块化设计、可拆卸设计等，实现包装的轻量化、标准化和可循环利用，降低包装材料成本和废弃物处理成本。根据货物的性质、运输方式及包装要求等因素，选择适合的包装材料，如纸质材料、塑料材料、金属材料等，提高包装的保护性能和成本效益。通过加强包装工人的培训和管理，提高包装技能和效率，减少包装时间和成本。通过采用环保材料、减少包装废弃物等措施，降低包装对环境的影响，提高企业形象和品牌价值。

（五）流通加工成本控制策略的深度剖析与优化

梳理流通加工作业流程，消除无效作业和浪费，提高作业效率。通过采用先进的流通加工技术和设备，如自动化分拣系统、智能包装机等，提高流通加工作业的自动化和智能化水平，提高作业效率和产品质量。通过加强流通加工过程中的质量控制和损耗管理，减少加工过程中的损耗和浪费，降低流通加工成本。此外，加强与客户的沟通也是降低流通加工成本的重要途径。通过深入了解客户需求和期望，提供定制化的流通加工服务，提高客户满意度和忠诚度，实现流通加工成本的长期降低。

（六）物流信息管理成本控制策略的深度剖析与优化

物流信息管理成本作为物流成本控制的新领域，其控制策略的实施对于提高物流信息管理效率、降低物流信息管理成本具有重要意义。通过构建集成化的物流信息平台，实现物流信息的实时共享和协同管理，提高信息处理的效率和准确性。通过梳理和优化信息处理流程，消除信息冗余和重复处理，提高信息处理效率。采用先进的信息处理技术和工具，如大数据分析、云计算等，实现物流信息的高速处理和智能分析，为物流决策提供有力支持。通过建立健全的信息安全管理制度和技术防范措施，确保物流信息的安全性和保密性，降低信息安全风险和管理成本。

二、物流成本控制优化方法

（一）物流网络优化

物流网络优化是降低物流成本、提升物流效率的关键环节。其核心在于通过构建科学的数学模型，对物流网络进行全面而深入的仿真与优化，以找到最佳的物流节点布局和运输路径。这一过程中，首先需要明确物流网络的基本构成，包括供应点、需求点、中转站及运输线路等。随后，利用图论、网络流理论等数学工具，构建物流网络优化模型。模型中应充分考虑运输成本、时间成本、库存成本及服务水平等多重因素，以确保优化结果的全面性和实用性。在模型构建的基础上,仿真技术成为验证和优化模型的重要手段。通过模拟实际物流运作过程,仿真技术能够直观地展示不同物流网络布局和运输路径下的成本和服务水平。借助仿真结果,企业可以对比分析不同方案的优劣,从而选择出最佳的物流网络布局。此外,仿真技术还能够揭示物流网络中的潜在瓶颈和问题,为后续的优化工作提供有力支持。物流网络优化不是一次性的工作,而是一个持续的过程。随着市场环境的变化和企业业务的发展,物流网络需要不断调整和优化。因此,企业应建立长效的物流网络优化机制,定期收集和分析物流数据,利用数学模型和仿真技术进行动态优化,以确保物流网络始终保持在最佳状态。

(二)库存管理优化

库存管理是物流成本控制的重要组成部分,其目标在于实现库存的最小化和服务水平的最大化。为实现这一目标,企业需要采用先进的库存管理方法,如准时制生产(JIT)、供应商管理库存(VMI)等。JIT 强调在需要的时候提供适量的物料,以减少库存积压和资金占用。VMI 则通过让供应商负责管理客户的库存,实现库存的共享和优化。在实施先进库存管理方法的库存管理系统(IMS)的应用中成为提升库存管理效率的关键。IMS 能够实时监控库存状态,包括库存数量、品种、位置等信息,为企业的库存决策提供准确的数据支持。通过 IMS,企业可以实现库存的自动化管理,减少人为错误和延误,提高库存管理的准确性和效率。此外,IMS 还能够与企业的生产、销售等部门实现信息共享和协同作业,进一步提升企业的整体运营效率。库存管理优化还需要考虑库存成本与服务水平之间的平衡。过多的库存虽然能够提高服务水平,但也会增加库存成本;而过少的库存虽然能够降低库存成本,但可能导致服务水平下降。因此,企业需要根据自身的业务特点和市场需求,制定合理的库存策略,以确保在满足服务水平的前提下实现库存成本的最小化。

(三)物流作业流程优化

物流作业流程优化是提升物流效率、降低物流成本的重要途径。其关键在于对现有的物流作业流程进行全面梳理和优化,消除浪费和瓶颈,提高物流作业的流畅性和效率。为实现这一目标,企业需要采用流程再造、精益物流等先进理念和方法。流程再造强调对物流作业流程进行根本性的重新设计和优化,以消除无效作业和浪费。在流程再造过程中,企业需要深入分析现有流程中的各个环节和步骤,找出存在的问题和瓶颈,并提出改进方案。通过重新设计流程、优化作业顺序、减少等待时间等措施,企业可以显著提升物流作业效率和服务水平。精益物流则是在流程再造的基础上,进一步追求物流作业的精细化和优化。它强调以客户需求为导向,通过持续改进和优化物流作业流程,实现物流成本的最低化和服务水平的最高化。精益物流要求企业建立完善的物流作业标准和规范,加强员工培训和绩效考核,确保物流作业的高效执行和持续改进。物流作业流程优化还需要考虑技术的应用和支持。随着信息技术和自动化技术的不断发展,越来越多的先进技术和设备被应用到物流作业中。企业应积极引进和应用这些技术和设备,如自动化分拣系统、智能仓储系统等,以提高物流作业的自动化水平和效率。

(四)物流服务商选择与管理

物流服务商的选择与管理对于物流成本控制具有重要影响。

优质的物流服务商能够提供高效、可靠的物流服务,降低企业的物流成本;而劣质的物流服务商则可能导致物流效率低下、成本上升。因此,企业需要建立科学的物流服务商选择与评价体系,以确保选择到优质的物流服务商。在选择物流服务商时,企业应考虑多个方面,包括服务商的资质和信誉、服务能力和质量、价格水平及合作意愿等。通过建立完善的评价指标体系和评估方法,企业可以对候选服务商进行全面而客观的评价,从而选择出最适合自己的物流服务商。在与物流服务商合作过程中,企业需要加强与服务商的沟通与协作。通过定期召开会议、分享业务信息、共同制订物流计划等方式,企业可以与服务商建立紧密的合作关系,共同优化物流流程、降低物流成本。

(五)物流成本控制与绩效考核

物流成本控制需要与企业绩效考核体系相结合,以确保成本控制措施的有效实施和持续改进。为此,企业需要构建完善的物流成本控制与绩效考核体系,设立合理的考核指标和奖惩机制。考核指标应涵盖物流成本的各个方面,包括运输成本、仓储成本、装卸成本等。通过设定具体的指标值和目标值,企业可以明确成本控制的方向和目标,为员工提供明确的指导和激励。考核指标还应与企业的整体战略和业务发展目标相一致,以确保成本控制与企业发展的协同性。奖惩机制则是确保考核指标有效实施的重要手段。通过设立奖励基金、晋升机会等激励措施,企业可以激发员工积极参与物流成本控制与优化工作的积极性和创造力。对于未能达到考核指标的员工或部门,企业也应采取相应的惩罚措施,如扣减奖金、降职等,以确保成本控制措施的严格执行和持续改进。通过构建完善的物流成本控制与绩效考核体系,企业可以将物流成本控制纳入企业的日常管理之中,形成全员参与、持续改进的良好氛围。

第四节　冷链物流与特殊货物运输

一、冷链物流定义与特点

(一)定义

冷链物流是一项高度专业化和系统化的工程,其核心在于确保温度敏感性产品在从生产源头到最终消费的全过程中,能够持续处于严格控制的低温环境之下。这一过程中,不仅涉及先进的冷冻工艺学和制冷技术的综合运用,还涵盖了冷链物流管理的方方面面,旨在最大限度地保持物品的新鲜度、营养价值以及药用效果,同时显著降低物流过程中的损耗率。冷链物流体系需精心设计与构建,包括配备高性能的冷藏与冷冻设备,如冷藏车、冷藏集装箱、冷冻仓库等,这些设备能够根据不同产品的特性,提供精确的温度控制环境。此外,冷链物流还依赖于高效的信息管理系统,以实现温度监控、货物追踪、库存管理等功能的自动化与智能化,确保整个链条的透明度和响应速度。在食品领域,冷链物流对于保障食品安全、延长保质期、维护食品品质至关重要,尤其是生鲜农产品、乳制品、肉制品及速冻食品等。而在医药行业,严格的冷链管理更是直接关系药品的有效性和患者安全,如生物制品、疫苗、血液制品等均需在特定低温条件下储存与运输。

（二）特点

1. 高成本性

冷链物流的高成本性，首先体现在其对于专业设备与技术的依赖上。相较于普通物流，冷链物流必须配备专门的冷藏或冷冻装置，如冷藏车、冷藏集装箱、冷冻仓库等，这些设备不仅初期投资巨大，而且运行与维护成本也相对较高。冷藏车需装备先进的制冷系统，以确保在运输过程中车厢内温度恒定；冷藏库则需具备高效的保温材料与精确的温控系统，以维持库内低温环境。此外，冷链物流还需依托先进的信息系统，实现温度监控、货物追踪、库存管理等功能的自动化与智能化，这进一步增加了成本投入。这些技术与设施的双重投入，构成了冷链物流高成本性的基础。

2. 高度的协调性

冷链物流涉及生产、贮藏、运输、销售等多个环节，每一个环节都至关重要，且相互间存在紧密的依赖关系。为了确保供应链的稳定性，各环节必须实现高效协同，形成无缝对接。这要求冷链物流企业在物流网络规划、运输路径优化、库存管理策略制定等方面具备高超的管理能力。还需要与供应商、承运商、销售商等多方进行紧密合作，确保信息流通顺畅，资源调配合理。高度的协调性不仅关乎冷链物流的效率，更是保障供应链整体稳定与响应速度的关键。

3. 遵循“3T 原则”的精细化操作

冷链物流的复杂性，主要体现在其必须遵循的“3T 原则”（时间、温度和产品耐藏性）上。这一原则要求冷链物流在运作过程中，必须根据产品的特性，精确控制温度与时间，以确保产品质量与安全。不同产品对于温度和时间的要求各不相同，如生鲜农产品可能需要在较低温度下快速运输，以减少损耗；而某些药品则需在特定低温条件下长期储存，以保持其药效。这要求冷链物流企业在物流方案设计、设备选型、操作流程制定等方面，进行精细化的管理与操作。还需建立完善的温控监测体系，实时监控物流过程中的温度变化，确保产品始终处于最佳状态。

二、特殊货物运输的定义与特点

（一）定义

特殊货物运输，作为物流领域中的一个重要分支，其独特之处在于运输过程中必须采取一系列特殊条件、设备和手段，以满足货物本身的特殊需求。这类运输不仅涵盖了具有高度风险性的危险货物物流，如易燃易爆品、有毒化学品等，它们的运输需严格遵守安全规范，采用专门的包装和运输工具；还包含了大件货物物流，如重型机械设备、大型结构件等，这些货物往往尺寸超大、重量惊人，对运输工具的承载能力和路线规划提出了极高要求。此外，贵重货物物流，如珠宝、艺术品、精密仪器等，因其价值高昂，需采取严密的安保措施和精细的操作流程。特殊货物运输的多样性与复杂性，要求物流企业具备高度的专业素养、先进的技术设备和严谨的管理流程。

（二）特点

1. 货物本身的特殊性

特殊货物之所以“特殊”，首要原因在于其本身所具备的特定物理、化学或生物特性。这些特性决定了货物在运输和储存过程中需要采取的特殊处理和保护措施。例如,危险化学品可能具有易燃、易爆、有毒或腐蚀性等特性,要求运输过程中必须严格控制温度、湿度,避免与不相容物质接触,以及采取防静电、防泄漏等措施。生物制品如疫苗、血液制品等,则需在特定低温条件下储存和运输,以保持其生物活性。此外,大件货物因其尺寸庞大、重量惊人,对运输工具的承载能力和稳定性提出了极高要求;贵重货物如珠宝、艺术品等,则因其高昂的经济价值,需采取严密的安保措施。这些特性要求物流企业在运输方案设计、包装选择、设备配置等方面,必须充分考虑货物的特殊性,确保运输过程的安全与有效。

2. 载运工具的专用性

特殊货物运输的第二个核心要素是载运工具的专用性。由于特殊货物具有独特的物理、化学或生物特性,普通的运输工具往往无法满足其运输需求。因此,必须采用专门的运输工具和设备,如冷藏车、危险品运输车、大件运输车等。这些专用运输工具不仅具备更强的承载能力和稳定性,还配备了先进的制冷系统、防爆装置、防静电设施等,以确保货物在运输过程中的安全。随着物流技术的不断发展,越来越多的高科技设备被应用于特殊货物运输中,如智能温控系统、GPS 定位系统、远程监控平台等,这些技术的集成应用大大提高了运输的效率和安全性。

3. 储运过程的安全性

储运过程的安全性是特殊货物运输中至关重要的一个环节。由于特殊货物本身存在的风险性,必须在运输和储存过程中严格控制条件,以防止事故发生。这包括但不限于对温度、湿度、光照、压力等环境参数的精确控制,以及防火、防爆、防盗、防泄漏等安全措施的落实。此外,物流企业还需建立完善的风险管理体系,对运输过程中可能出现的风险进行全面评估,并制定相应的应急预案。一旦发生意外情况,能够迅速响应、有效处置,最大限度地减少损失和影响。

4. 监控过程的完整性

特殊货物运输的监控过程同样不容忽视。为了确保运输过程的安全和合规,必须对货物进行全程追踪和监控。这包括利用GPS定位系统、RFID技术、物联网技术等手段,实时获取货物的位置信息、温度数据、运输状态等关键参数,并通过远程监控平台对这些数据进行实时分析和处理。物流企业还需严格遵守相关法律法规和行业标准,确保运输过程的合规性。例如,危险品运输必须遵循《危险货物道路运输规则》,大件运输则需符合《超限运输车辆行驶公路管理规定》等。通过全程监控和合规管理,可以有效降低运输风险,保障货物安全。

5. 人员素质的综合性

由于特殊货物运输的复杂性和专业性,从业人员必须具备全面的专业知识和技能。这包括但不限于对特殊货物特性的深入了解、对运输工具和设备的熟练操作、对安全规范和操作流程的严格遵守等。此外,还需具备良好的沟通协调能力和应急处理能力,以应对运输过程中可能出现的各种突发情况。为了提高从业人员的素质和能力,物流企业应加强对员工的培训和考核,确保他们具备从事特殊货物运输所需的各项技能和素质。

三、冷链物流与特殊货物运输方法

（一）冷链物流的运输方法

1. 冷藏车运输

冷藏车，作为冷链物流中最常用的运输工具之一，其设计充分融合了制冷技术与车辆工程的最新成果，为温度敏感性产品提供了精准、灵活的温度控制环境。冷藏车内部配备有先进的制冷系统，该系统能够根据货物的具体需求，精确调节车厢内的温度，确保货物在运输过程中始终处于最佳保存状态。这一特性使得冷藏车成为连接生产、加工、分销直至最终消费各个环节的重要纽带，无论是短途的城市配送，还是长途的跨区域运输，冷藏车都能以其强大的适应性和灵活性，满足多样化的运输需求。冷藏车的制冷系统通常采用先进的制冷技术和环保制冷剂，以确保在高效制冷过程中减少对环境的影响。此外，冷藏车还配备了智能温控系统，能够实时监测车厢内温度，并根据预设参数自动调节制冷功率，实现能耗与保温效果的优化平衡。在运输管理上，冷藏车运输需严格遵守冷链物流标准，包括装车前预冷、途中温度监控、卸货后快速冷藏等，以确保整个运输链的温度连续性，防止货物因温度变化而导致品质下降。

2. 冷藏集装箱运输

对于需要跨国或跨地区长途运输的温度敏感性产品，冷藏集装箱以其卓越的保温性能和长期的温度稳定性，成为不可或缺的运输方式。冷藏集装箱内部设有独立的制冷装置，能够在外界环境极端变化的情况下，长时间保持恒定的低温环境，确保货物在长途海运、陆运或空运过程中的品质稳定。这种运输方式特别适用于远距离、大批量的冷链物流需求,如海鲜、肉类、冷冻食品等国际贸易商品。冷藏集装箱的设计充分考虑了长途运输的特殊性,其结构坚固耐用,能够承受长途运输中的振动和冲击,同时具备良好的密封性,防止外界空气、水分及微生物的侵入。在制冷技术上,冷藏集装箱采用了先进的制冷机组和控制系统,能够根据货物特性和运输路线,预设温度曲线,实现智能化、自动化的温度管理。此外,冷藏集装箱还配备了远程监控系统,使得运输过程中的温度、湿度等关键参数能够实时传输至控制中心,便于及时应对异常情况,确保运输安全。

3. 冷冻仓库储存

冷冻仓库,在冷链物流体系中不仅是温度敏感性产品长期储存的场所,更是冷链物流网络中的关键节点,支持着货物的分拣、包装、再加工及配送等一系列操作。冷冻仓库的设计和管理,需要综合考虑温度控制、湿度调节、空气流通、卫生标准等多个方面,以确保储存环境的稳定性和安全性。在温度控制方面,冷冻仓库通常采用先进的制冷系统和保温材料,能够维持恒定的低温环境,满足不同货物的储存需求。仓库内配备有温湿度监控系统,能够实时监测并记录仓库内的环境条件,确保货物处于最佳保存状态。在湿度调节上,冷冻仓库通过除湿机、加湿器等设备,控制仓库内的湿度水平,防止货物因湿度过高或过低而受损。此外,冷冻仓库还注重空气流通设计,通过合理的通风系统,保持仓库内空气的新鲜度,防止异味和霉菌的滋生。在管理策略上,冷冻仓库实行严格的出入库管理,对货物的接收、储存、出库等流程进行精细化管理,确保货物的可追溯性和安全性。冷冻仓库还需定期进行清洁、消毒和除霜等操作,以保持仓库环境的卫生和制冷效率。此外,随着物联网、大数据等技术的发展,冷冻仓库正逐步向智能化转型,通过引入自动化仓储系统、智能分拣设备等,提高仓库作业效率和准确性,降低运营成本,提升客户满意度。

(二)特殊货物运输的方法

1. 危险品运输

危险品运输,因其涉及物质的高风险性,是特殊货物运输中最为严格监管的领域之一。危险品包括易燃易爆品、有毒物质、腐蚀性物质等,其运输过程必须严格遵守相关法律法规和行业标准,以确保公共安全与环境保护。危险品运输首先要求全面了解和严格遵守国家及国际相关法律法规,如《危险货物道路运输规则》(ADR)、《国际海运危险货物规则》(IMDG CODE)等。这些法规详细规定了危险品的分类、包装、标记、标签、运输文件、运输工具要求及应急处理措施,是危险品运输安全的基础。危险品运输需使用专门设计的运输工具和设备,如危险品运输车、防爆容器、防泄漏装置等。这些工具和设备不仅需满足特定的技术标准和安全要求,还需定期进行检查和维护,确保其处于良好状态。例如,危险品运输车需配备防爆电气系统、防静电装置、紧急切断阀等,以应对可能的紧急情况。危险品运输的驾驶员和押运人员需接受专业培训,掌握危险品性质、运输规则、应急处理等知识,并持有相应资格证书。运输过程中,还需实施严格的安全管理措施,如防静电积聚、防泄漏、防火防爆等,以及制定详细的应急预案,确保在紧急情况下能够迅速、有效地响应。

2. 大件货物运输

大件货物,如重型机械、大型结构件、风力发电设备等,因其尺寸庞大、重量惊人，对运输工具的承载能力和稳定性提出了极高要求，同时也对运输路线规划、交通组织等构成了挑战。大件货物运输需使用特制的运输工具，如大件运输车、特种运输船或飞机等。这些工具需具备足够的承载能力、稳定性和灵活性，以适应不同货物的形状、尺寸和重量。例如，大件运输车可能配备多轴、液压悬挂系统等，以确保在复杂路况下的平稳运输。大件货物运输前，需进行详细的路线规划和交通组织，考虑道路宽度、桥梁承重、隧道高度、转弯半径等因素，以及沿途的交通状况、天气条件等。必要时，还需与交通管理部门协调，获取特殊运输许可，安排交通管制，确保运输过程的安全与顺畅。大件货物运输过程中，需进行持续的风险评估，识别潜在的安全隐患，如道路损坏、桥梁垮塌、车辆故障等，并制订相应的应急计划。还需准备必要的救援设备和人员，以便在紧急情况下迅速响应，减少损失。

3. 贵重货物运输

贵重货物，如珠宝、艺术品、精密仪器等，因其价值高昂，对运输过程中的安全保护提出了极高要求。这类货物的运输需采取严密的安保措施和精细的操作流程，确保货物完好无损地到达目的地。贵重货物需使用专业的包装材料，如防震泡沫、防盗锁箱、GPS 定位器等，以减少运输过程中的物理损伤和被盗风险。还需安装防盗装置，如报警系统、追踪器等，以便在货物被盗或丢失时迅速定位并追回。贵重货物的运输需遵循精细的操作流程，包括货物的接收、包装、装载、运输、卸载等各个环节。每个步骤都需由经过专业培训的人员执行，确保操作的准确性和安全性。此外，还需安排专门的押运人员，全程监控货物的状态，及时应对可能发生的异常情况。贵重货物的运输还需注重保密性，避免货物信息泄露给不法分子。应购买足够的保险,以覆盖货物在运输过程中可能遭受的损失或损坏,为货主提供额外的安全保障。

4. 鲜活货物运输

鲜活货物,如生鲜食品等,强调运输的时效性和温度控制,以确保货物的新鲜度和存活率。这类货物的运输需采用先进的温控技术和设备,以及高效的物流网络,确保货物在运输过程中的品质稳定。鲜活货物运输需使用冷藏车、冷藏集装箱等专用运输工具,这些工具配备有先进的温控系统,能够精确控制车厢内的温度和湿度,满足不同货物的保存需求。例如,冷藏车可能配备多级温控系统,以实现不同温区的独立控制,适应多种货物的运输需求。鲜活货物的运输需建立高效的物流网络,包括快速的货物收集、分拣、装载、运输和卸载等环节。还需实施严格的时效管理,确保货物在规定的时间内到达目的地。这要求物流企业具备强大的运输能力和灵活的调度能力,以应对可能的交通拥堵、天气变化等不确定因素。鲜活货物运输过程中,需实施严格的质量监控和追溯系统,实时监测货物的温度、湿度、新鲜度等关键指标,并记录运输过程中的各项操作。这有助于及时发现并处理潜在的质量问题,确保货物的品质稳定。追溯系统还能为货主提供详细的运输记录,便于追溯货物的来源和去向,增强消费者对货物的信任度。

第三章　交通运输经济环境与市场分析

第一节　交通运输经济环境概述

一、交通运输行业概况

（一）交通运输行业的分类

1.陆地交通运输

（1）铁路运输

铁路运输是一种依赖铁轨系统的运输方式，以其高效、稳定、安全的特性而广受青睐。它特别适用于长距离、大批量的货物运输以及乘客的快速出行。由于铁路轨道的固定性和连续性，使得列车能够在高速行驶中保持稳定，从而大大提高了运输效率。此外，铁路运输还具有能耗低、污染小的环保优势，符合当今社会对可持续发展的追求。在全球范围内，铁路运输都承担着极为重要的物流任务，是国民经济的大动脉。

（2）公路运输

公路运输是通过道路网络进行的一种灵活多样的运输方式，涵盖了汽车、卡车、摩托车等多种交通工具，能够根据不同的需求和条件提供个性化的服务。公路运输的灵活性表现在其能够深入到城市和乡村的各个角落,实现门到门的直接服务,极大地方便了人们的生活和工作。同时,公路运输也是短途运输和紧急补货的首选方式,因其能够快速响应并调整运输计划,满足市场的即时需求。

2. 水上交通运输

(1)海洋运输

海洋运输是利用船舶在广阔的海洋或大型河流上进行货物运输的方式。由于其运输成本低、运量大,海洋运输已成为国际贸易中不可或缺的一环。大型货轮和集装箱船的发展进一步提升了海洋运输的效率和可靠性,使得全球各地的商品能够快速、安全地到达目的地。海洋运输不仅促进了国际贸易的繁荣,也推动了全球经济的整合与发展。

(2)内河运输

内河运输是利用河流、湖泊等内陆水域进行货物运输的一种方式,它对于地区经济的发展具有举足轻重的作用,尤其是在水资源丰富的地区。通过内河运输,可以将货物便捷地从一个地方运送到另一个地方,降低了物流成本,提高了市场竞争力。同时,内河运输还有助于缓解陆路交通的压力,优化交通运输结构,促进区域经济的均衡发展。

3. 空中交通运输

空中交通运输,即航空运输,是通过飞机进行远距离和国际快速货物运输及旅客服务的方式。它以速度快、效率高而著称,能够在短时间内连接世界的各个角落。航空运输不仅为商务人士提供了便捷的出行选择,也促进了国际旅游业的繁荣发展。此外,在紧急情况下,航空运输还能够迅速运送救援物资和人员,发挥重要的社会救援功能。随着航空技术的不断进步和航线的不断拓展,航空运输在全球经济和文化交流中扮演着越来越重要的角色。

表 3-1　交通运输行业的分类

交通运输行业分类	子分类	描述与特点
陆地交通运输	铁路运输	依托铁轨系统,高效、稳定、安全;适用于长距离、大批量货物运输及乘客快速出行;环保优势显著;国民经济大动脉
	公路运输	通过道路网络进行,灵活多样;涵盖多种交通工具,提供个性化服务;门到门服务,方便生活与工作;短途运输和紧急补货首选
水上交通运输	海洋运输	利用船舶在海洋或大型河流上运输;成本低、运量大;国际贸易不可或缺;促进国际贸易繁荣和全球经济整合
	内河运输	利用河流、湖泊等内陆水域运输;对地区经济发展重要;降低物流成本,提高市场竞争力;缓解陆路交通压力,优化交通运输结构
空中交通运输	航空运输	通过飞机进行远距离和国际快速运输;速度快、效率高;连接世界各个角落;促进商务出行和国际旅游业;具有社会救援功能;在全球经济和文化交流中扮演重要角色

(二)当代交通运输行业的主要特点

1. 技术革新与智能化

当代交通运输行业显著的特点之一是技术的持续革新与智能

化的快速发展,随着信息技术、人工智能等前沿科技的引入,交通运输正逐步实现智能化管理、自动化驾驶等变革。智能交通系统能够实时监测交通流量、优化路线规划,有效提高运输效率并降低拥堵现象;同时,自动驾驶技术的逐步成熟,预示着未来交通运输将更加安全、高效,为人类出行带来前所未有的便捷。

2. 环境可持续性与绿色发展

面对全球气候变化与环境保护的迫切需求,当代交通运输行业正朝着环境可持续性与绿色发展的方向迈进。各国纷纷倡导低碳出行,推广新能源交通工具,以减少碳排放和环境污染。此外,绿色交通基础设施的建设也日益受到重视,如绿色公路、生态铁路等,旨在实现交通运输与生态环境的和谐共生。

3. 多元化与个性化服务

当代社会对于交通运输的需求日益多元化,这促使交通运输行业不断创新,提供更为个性化的服务。从定制公交、共享单车到智能停车解决方案,交通运输正变得更加贴心、便捷。同时,随着消费者对于出行体验的要求提升,交通运输行业也在努力打造更加舒适、高品质的出行环境,以满足不同客户群体的需求。

4. 全球化与互联互通

在全球化背景下,交通运输行业的互联互通性愈发重要,国际贸易往来、人员流动都依赖于高效、可靠的交通运输网络。因此,当代交通运输行业正致力于构建更加紧密的国际合作与交流平台,推动跨国运输项目的实施,以实现全球范围内的资源优化配置和高效运输,不仅有助于促进国际贸易的发展,也为全球经济的持续增长提供了有力支撑。

5. 安全与监管的强化

随着科技的进步，当代交通运输行业在安全技术和管理手段上不断升级，智能交通监控系统、风险评估机制等的应用，使得交通运输过程中的安全隐患得以及时发现和处理。同时，监管部门也加大了对交通违法行为的打击力度，通过严格的法规制定和执行，确保交通运输行业的规范有序发展，这些举措共同为公众提供了更加安全、可靠的出行环境。

二、经济环境中的交通运输角色

（一）交通运输在国民经济中的地位

交通运输在国民经济中具有不可或缺的地位，其作为经济活动的核心支柱，贯穿于生产、分配、交换和消费等各个经济环节。它不仅保障了商品的顺畅流通，还是人员往来的关键纽带，对于维护社会经济秩序的稳定发挥着至关重要的作用。交通运输的效率和顺畅程度直接影响着国民经济的整体运行效率与发展速度。一个高效、稳定的交通运输系统，能够显著降低物流成本，提高市场的响应速度和企业的竞争力，进而为经济的持续增长提供有力的支撑。因此，各国政府普遍将交通运输行业视为战略性的发展领域，通过加大基础设施建设的投入、推动技术创新等手段，不断提升交通运输的综合效能，以期在激烈的国际竞争中占据有利地位。

（二）交通运输对区域经济的影响

交通运输对区域经济的影响表现在多个层面，且具有深远的意义，便捷的交通条件成为吸引企业入驻和投资者目光的重要因素,有力地促进了区域内的产业集聚和经济活动的繁荣。交通运输的改善和优化,不仅拓展了市场的地理边界,使得区域内的产品能够更为迅速地触达更广阔的消费市场,从而增加企业的销售收入,创造更多的就业机会,而且也为区域内的资源开发和利用提供了便利条件。通过高效的交通运输系统,区域内的资源得以更为合理地配置和利用,提高了资源的使用效率,为经济的可持续发展注入了新的活力。因此,加强区域交通运输建设,提升交通运输的服务水平和效率,无疑是推动区域经济发展、优化区域经济结构的重要举措之一。

(三)交通运输在供应链中的作用

交通运输在现代供应链管理中占据着举足轻重的地位,它是连接供应链各环节的纽带,保障着原材料、零部件和成品的顺畅流动。交通运输的效率和可靠性对于供应链的整体性能和运营成本具有直接且深远的影响。高效的交通运输体系能够显著缩短物流周期,减少不必要的库存积压,进而提升客户满意度和企业的市场竞争力。随着全球化的不断深入,国际供应链合作日趋紧密,交通运输在跨国供应链中的作用也愈加重要。优化交通运输管理、提高运输效率已成为企业提升供应链管理水平的关键环节。因此,众多企业致力于通过技术创新和管理优化来打造高效、可靠的交通运输体系,以确保供应链的稳定运行和持续优化。

(四)交通运输对就业市场的贡献

交通运输行业对于就业市场的贡献不容忽视,其直接为大量劳动者提供了丰富的就业机会。无论是驾驶员、乘务员还是交通管理员等岗位,都在交通运输行业中占据着不可或缺的位置。同时,随着该行业技术的持续进步和服务模式的不断创新,智能交通系统开发、物流管理等新兴职业领域也应运而生。这些新兴领域不仅为就业市场注入了新的活力,也吸引了大量高素质人才的加入,进一步推动了行业的发展。此外,交通运输行业的繁荣还带动了相关产业的兴盛,如汽车维修、加油站等配套服务产业,从而间接地为社会创造了更多的就业岗位。

三、交通运输与经济发展的关系

(一)交通运输促进经济增长的机制

交通运输在促进经济增长方面发挥着核心作用,其机制深刻且多维,具体而言,交通运输通过降低物流成本、提高市场效率,有效刺激了生产和消费的增长。物流成本的降低意味着商品从生产地到消费地的流动更为经济高效,这为企业降低了运营成本,提高了利润空间,从而鼓励了生产的扩大。同时,消费者也能以更低的价格获得商品,进而提升消费水平。此外,交通运输还通过扩大市场范围,使企业能够跨越地理限制,更广泛地参与市场竞争,捕捉更多商机。这不仅有助于企业规模的扩张,也促进了市场的繁荣。最后,交通运输在促进区域均衡发展方面同样功不可没。通过改善交通条件,落后地区能够更好地融入区域经济体系,与发达地区形成互补和协同发展,从而缩小地区间的发展差距,实现整体经济的均衡增长。

(二)经济发展对交通运输需求的驱动

经济发展对交通运输需求的驱动是一个复杂而动态的过程,随着经济的持续增长,生产规模的扩大和消费水平的提升成为推动交通运输需求增加的重要因素。生产规模的扩大意味着更多的原材料和产成品需要运输,而消费水平的提升则带来了对更快速、更便捷的运输服务的需求。同时,城市化进程的加速也进一步推动了交通运输需求的增长。城市人口的增加和城市空间的扩张对城市交通提出了更高的要求,如公共交通系统的完善、交通拥堵的缓解等。此外,经济结构的优化和产业升级也对交通运输产生了深远影响,新兴产业的发展和高科技产品的普及要求交通运输行业提供更高效、更环保、更智能的服务。因此,经济发展不仅直接推动了交通运输需求的增加,还通过引导产业升级和结构调整对交通运输行业提出了更高的挑战和要求。

(三)交通运输与产业结构调整的关系

交通运输与产业结构调整之间的互动关系表现得尤为突出,交通运输作为国民经济的基础性行业,其发展为产业结构调整提供了坚实的物质基础。通过不断完善交通网络、提升运输能力,交通运输有效促进了各类生产要素的快速流动,为产业转移和升级创造了有利条件。例如,某些地区凭借便捷的交通条件,成功吸引了高新技术产业的入驻,从而推动了本地产业结构的优化升级。另外,产业结构调整也对交通运输提出了新的挑战和需求。随着新兴产业的崛起和传统产业的转型升级,对交通运输的时效性、安全性和环保性等方面提出了更高的要求,促使交通运输行业必须不断创新技术、改进服务,以适应产业结构调整的需要。

(四)交通运输效率与经济发展质量的关联

高效的交通运输系统对于降低物流成本、提高市场响应速度具有显著作用,这直接提升了企业的竞争力和整体经济效益。当物流成本降低时,企业能够以更低的价格提供产品,从而增强市场竞争力;同时,快速的市场响应速度使企业能够更准确地把握市场需求,及时调整生产策略,提高产销率。此外,交通运输效率的提升还有助于资源的优化配置和绿色发展的推进。通过优化运输组织和提高运输工具能效,可以减少不必要的资源浪费和能源消耗,降低环境污染,从而提高经济发展的可持续性。因此,提升交通运输效率是推动经济发展质量提升的关键途径之一。同时,也应认识到经济发展质量的提高会对交通运输效率产生积极影响,如投入更多资源进行交通运输技术创新和管理优化,进一步提高运输效率,形成良性循环。

第二节　交通运输市场需求分析

一、全球贸易与交通运输需求的关联

(一)全球贸易发展概况

全球贸易作为世界经济活动的核心组成部分,近年来已展现出稳定且显著的增长态势。伴随着全球化浪潮的汹涌澎湃,各国间的贸易联系日渐紧密,贸易活动的规模和范畴亦在持续拓展,这一发展趋势不仅深刻影响了国际经济的格局,更为交通运输行业带来了前所未有的市场机遇。具体而言,全球贸易的蓬勃发展对交通运输需求产生了显著的拉动效应。贸易量的激增意味着更多的商品和货物需要在国际进行流动,这无疑为交通运输行业提供了丰富的货源和广阔的市场空间。同时,随着贸易结构的不断升级和贸易形式的日益多样化,对交通运输服务的需求也呈现出更

为复杂和多元化的特点。因此,交通运输行业在应对全球贸易发展带来的挑战时,也迎来了转型升级的重要契机,通过不断优化运输网络、提升服务质量、创新运输方式,交通运输行业不仅能够满足全球贸易对高效、安全、便捷运输的迫切需求,更能在激烈的市场竞争中脱颖而出,实现可持续的发展目标。

(二)全球贸易对交通运输需求的拉动作用

1. 货物运输量增长

全球贸易的繁荣与货物运输量的增长之间存在着直接且显著的正相关关系,随着各国间经济联系的日益紧密,商品交换和资源流动的规模不断扩大,这使得货物运输需求呈现出持续增长的趋势。贸易量的增加意味着更多的商品需要通过交通运输工具从生产地转移到消费地,从而推动了运输需求的上升,这种增长趋势不仅体现在传统的海运、陆运领域,也包括空运等更为高效的运输方式。因此,全球贸易的繁荣对交通运输行业提出了更高的要求,促使其不断提升运输能力和服务质量,以适应日益增长的货物运输需求。

2. 运输方式多样化

由于不同商品具有不同的特性和运输要求,加之各地区贸易活动的差异性和特殊性,这使得单一的运输方式难以满足全球贸易的多元化需求。因此,交通运输行业需要提供包括海运、空运、陆运等多种运输方式在内的综合服务,以满足不同商品和地区贸易活动的特定需求。这种多样化的运输需求不仅促进了交通运输行业的创新和发展,也推动了运输技术的不断进步和运输服务的持续优化。多样化的运输方式为全球贸易提供了更为灵活和高效的选择,进一步促进了贸易活动的繁荣和发展。

3. 运输效率提升

在全球贸易竞争日益激烈的背景下,提升运输效率已成为交通运输行业面临的重要任务。快速、准时、安全的运输服务不仅能够缩短商品从生产到消费的周期,降低库存成本,还能提高供应链的响应速度和灵活性,从而提升贸易活动的整体效率和可靠性。为了满足全球贸易对高效率运输的需求,交通运输行业需要不断优化运输网络布局,提高运输工具的装载率和运行速度,同时借助先进的信息技术和智能化管理系统来提升运输过程的可视化和可控性。这些措施的实施将有助于提升交通运输行业的整体效率和服务质量,为全球贸易的发展提供更为坚实和高效的支撑。

(三)交通运输对全球贸易的支撑作用

交通运输在全球贸易体系中扮演着举足轻重的角色,为贸易活动的顺畅进行奠定了坚实的物质基础,并提供了不可或缺的服务保障。其完善的交通网络如同贸易流动的血脉,确保了商品和货物能够在全球范围内高效流动,从而维系了贸易活动的连续性。高效的运输服务则是全球贸易的助推器,通过缩短运输时间、提高运输效率,有效降低了贸易成本,提升了贸易活动的整体效益。交通运输行业在技术创新方面的持续努力,为全球贸易的发展注入了新的活力,不断创新的运输技术不仅提高了运输过程的安全性和可靠性,还为贸易活动带来了更多的便利性和灵活性。例如,智能化运输系统的应用使得贸易物流更加透明可追溯,大数据和物联网技术的融合则为贸易决策提供了更为精准的数据支持。此外,交通运输行业的进步也在悄然推动着全球贸易结构的优化和升级,随着运输服务的不断升级和完善,全球贸易的参与主体更加多元化,贸易模式也日趋复杂化。

二、人口流动与旅客运输需求的增长

(一)人口流动的现状与趋势

在全球化和城市化进程的双重推动下,人口流动已演变为当今社会的显著特征,这种流动现象不再局限于某一地区或国家,而是呈现出跨国、跨洲的全球化趋势。人们因寻求更好的就业机会、教育资源、生活环境等多元动机,在不同地区乃至不同国家之间迁移,形成了大规模人口流动。这种人口流动的现状不仅重塑了社会地理格局,更对传统的居住和工作模式产生了深刻影响。随着流动人口的增加,城市的人口结构、经济活动和文化交流等方面均发生了显著变化。同时,人口流动也加剧了城乡之间、地区之间的经济差异和社会不平等问题,对政策制定和社会管理提出了新的挑战。随着全球经济的深度融合和科技的快速发展,人们追求更高质量生活的愿望将更加强烈,从而推动人口流动向更广范围、更深层次发展。

(二)人口流动对旅客运输需求的推动作用

1. 旅客数量增加

人口流动对旅客运输需求的首要影响体现在旅客数量的显著增加,随着现代社会的发展,人们因工作、学习或生活等原因,经常需要在不同地区间迁移。这种迁移行为,无论是国内的城市间流动还是跨国迁移,都不可避免地需要通过旅客运输系统来完成。

因此,随着人口流动规模的持续扩大,旅客运输系统中的乘客数量自然也会随之增长。换言之,人口流动的频率和规模与旅客运输量之间呈现出正相关性,这一趋势直接推动了旅客运输需求的上升。

2. 运输距离延长

伴随着人口流动范围的日益广泛,旅客运输的距离也在相应延长。传统上,人们的出行可能主要局限于相对较短的距离,如城市内部或邻近城市间的通勤。然而,在现代社会,随着全球化进程的加速和人们生活水平的提高,长途旅行甚至跨国出行变得越来越普遍。人们不再满足于局限在某一特定区域内,而是渴望探索更广阔的世界,这种变化对旅客运输系统提出了更高的挑战,要求其不仅具备更强的承载能力,还要提供更优质的服务以满足长途旅行的需求。因此,人口流动的这一特点无疑推动了旅客运输行业向更高标准和更广泛覆盖的方向发展。

3. 运输方式多样化需求

人口流动的多样性和个性化特征还促进了旅客运输方式的多样化需求,由于不同年龄、职业、收入水平和出行目的的旅客对运输方式有着不同的偏好和实际需求。因此,旅客运输行业必须提供更加丰富和灵活的服务选项。例如,年轻一代可能更倾向于选择快捷舒适的高铁或飞机作为出行方式,而中老年群体可能更注重旅行的安全性和舒适性。同时,随着自驾游等新型旅行方式的兴起,越来越多的旅客开始选择自驾出行。这些多样化的需求推动了旅客运输行业不断创新和发展,以满足各类旅客的个性化需求;从长远来看,这种多样化的运输方式需求将进一步促进旅客运输市场的细分和专业化发展。

(三)旅客运输需求增长带来的挑战与机遇

人口流动所推动的旅客运输需求增长,无疑为运输行业注入了强大的市场活力,带来了前所未有的发展机遇。然而,这种需求的激增并非毫无挑战。运输拥堵、安全问题、服务质量下滑等,都是伴随需求增长而凸显的难题。特别是在高峰时段和热门旅游目的地,运输压力更是成倍增加,对运输系统的稳定性和效率提出了严峻考验。为了有效应对这些挑战并充分抓住机遇,旅客运输行业亟须采取一系列措施。首要任务是加强基础设施建设,包括扩建交通网络、提升运输工具的性能和舒适度等,以从根本上提高运输系统的承载能力。同时,提升运输效率和服务质量也刻不容缓。通过优化运输流程、引入先进的管理技术和服务理念,可以显著提升旅客的出行体验,增强运输行业的竞争力。此外,技术创新和智能化发展也是关键所在,借助大数据、人工智能等前沿技术,可以实现对运输需求的精准预测和智能调度,从而提高运输系统的整体效能。

三、产业链布局与货物运输需求的多样化

(一)产业链全球化与货物运输的新趋势

在全球经济一体化的大背景下,产业链的全球化布局已成为不可逆转的趋势,该趋势推动了货物运输需求的显著变化,呈现出跨国界、大规模、高效率的新特征。企业为追求成本优化和市场扩张,积极在全球范围内配置资源,从而引发了国际货物运输需求的持续增长。这种增长不仅体现在运输量的提升上,更体现在对运输服务品质的更高要求上。具体而言,产业链的全球化使得不同

环节对运输服务的需求日趋多样化。时效性成为关键因素,特别是在快时尚、电子商务等领域,快速响应市场需求、缩短产品上市时间对提升企业竞争力至关重要;同时,安全性也备受关注,货物运输过程中的损坏、丢失等问题可能对企业造成重大损失。此外,定制化服务逐渐成为趋势,企业根据自身需求定制个性化的运输方案,以更好地满足市场变化和客户需求。

(二)区域产业链发展与货物运输需求的差异化

区域产业链的发展是地方经济腾飞的重要引擎,同时也塑造了货物运输需求的差异化格局。各地区依托自身独特的资源禀赋、产业基础和市场需求,培育出各具特色的产业集群。这些产业集群在推动区域经济增长的同时,也对货物运输行业产生了深远影响。一方面,不同区域的产业集群类型决定了其货物运输需求的特性。以重工业为主导的地区,如钢铁、煤炭等产业基地,对大宗物资运输有着庞大需求,要求运输系统具备大容量、高效率的特点。而以高新技术产业为主导的区域,如电子信息、生物医药等创新集群,则对高附加值、小件快递运输提出更高要求,强调运输的精准性和时效性。另一方面,区域产业链的发展阶段也影响着货物运输需求的变化。在产业链初级阶段,原材料和初级产品的运输占据主导地位;随着产业链的升级和延伸,中间产品和成品的运输需求逐渐凸显。

(三)产业链协同与货物运输模式的创新

在产业链协同成为提升整体竞争力的重要手段的当下,货物运输行业正面临着前所未有的创新机遇。产业链协同要求各环节之间实现紧密配合、高效衔接,以降低整体运营成本并提高市场响应速度。在这一背景下,货物运输模式的创新显得尤为重要。构建物流信息平台是实现产业链协同的关键一环。通过集成各环节的数据信息,物流信息平台能够实现供应链的可视化和智能化管理,从而提高决策效率和协同效果。此外,多式联运作为一种高效的运输模式,正受到越来越多企业的青睐。它将不同运输方式有机结合起来,充分发挥各自优势,提高运输效率并降低成本。同时,绿色物流的推广也符合可持续发展的理念,通过减少能源消耗和环境污染,实现经济效益和社会效益的双赢。

四、技术进步与交通运输需求的变化

(一)智能交通系统的应用与影响

智能交通系统(ITS)作为现代科技与交通运输相结合的产物,其广泛应用正对交通运输行业产生深远影响。该系统通过高度集成信息技术、通信技术以及电子控制技术等先进科技手段,为交通运输领域带来了前所未有的变革。ITS 的核心价值在于其能够提供实时、准确的交通信息。借助先进的数据采集、传输和处理技术,ITS 能够实时监测道路交通状况,包括车流量、车速、道路拥堵情况等,从而为交通管理部门和驾驶员提供决策支持。这不仅有助于优化交通流分配,提高道路通行效率,还能在一定程度上减少交通拥堵和延误,提升整个交通系统的运行效率。此外,ITS 在提升交通安全水平方面也发挥了重要作用。通过为驾驶员提供安全驾驶辅助功能和紧急救援服务,如碰撞预警、车道偏离提示以及自动紧急制动等,ITS 能够显著降低交通事故的发生率,保障行车安全;同时,ITS 还能在事故发生后迅速响应,协调救援资源,缩短救援时间,从而减少事故造成的人员伤亡和财产损失。

（二）新能源汽车的推广与交通运输的绿色发展

随着全球气候变化和环境问题日益严峻，绿色、低碳、可持续发展已成为当今社会的共同追求。在这一背景下，新能源汽车的推广与应用正成为交通运输行业绿色发展的重要途径。新能源汽车以其低能耗、低排放、高环保的显著优势，正在逐步替代传统燃油汽车，成为未来交通运输领域的主导力量。这类汽车采用先进的电池技术、驱动系统以及能量回收等技术手段，有效降低了能源消耗和碳排放，减少了交通运输对环境的负面影响。同时，新能源汽车的推广还有助于推动能源结构的优化和转型，促进可再生能源在交通运输领域的应用和发展。为了推动新能源汽车的广泛应用，各国政府纷纷出台了一系列政策措施，包括提供财政补贴、减免税收、建设充电基础设施等，以鼓励新能源汽车的研发、生产和销售。这些政策的实施不仅降低了新能源汽车的购车成本和使用门槛，还提高了消费者对新能源汽车的接受度和认可度，进一步推动了交通运输行业的绿色发展进程。

（三）共享经济模式在交通运输领域的创新与实践

共享经济作为一种新兴的经济形态，正在全球范围内蓬勃发展，在交通运输领域，共享经济模式的创新与实践为市民出行带来了全新的体验和选择。通过整合闲置的运输资源，如私家车、公共自行车等，共享经济模式使得这些资源得以充分利用，提高了资源使用效率。同时，借助移动互联网和智能设备等技术手段，共享经济平台能够为用户提供便捷、高效的共享出行服务，满足了市民多样化的出行需求。例如，共享单车和网约车的兴起，为市民提供了更加灵活、便捷的出行方式，有效缓解了城市交通拥堵问题。此外,共享经济模式在交通运输领域的实践还推动了行业的创新和变革。传统交通运输企业纷纷借鉴共享经济的理念和模式,进行业务创新和转型升级,不仅有助于提升企业的竞争力和市场份额,还能进一步推动整个交通运输行业的持续发展和进步。

第三节　交通运输市场竞争格局与趋势

一、技术革新对交通运输市场竞争的影响

(一)智能化技术应用

智能化技术的深入应用正逐步重塑交通运输市场的竞争格局,在现代信息技术的推动下,人工智能、大数据等前沿技术日益成为交通运输企业提升竞争力的关键手段。这些技术为企业提供了强大的数据分析和处理能力,使其能够更准确地把握市场动态,预测客户需求变化,从而制定出更为精准的市场策略。通过智能化技术,企业不仅可以优化运输路线,减少无效运输和空驶率,还能实现运输资源的合理配置,提高整体运营效率。这种技术驱动下的成本降低和服务质量提升,无疑将增强企业在激烈的市场竞争中的优势地位。同时,智能化技术还有助于企业构建更加个性化、高效化的服务体系,满足客户日益多样化的需求,进一步提升客户满意度和忠诚度。

(二)物联网技术的融合

物联网技术的深度融合,为交通运输行业注入了前所未有的创新活力,该技术通过将多元化的智能设备、高精度的传感器等与

互联网紧密连接,构建了一个庞大而精细的交通运输监控与管理网络。在这个网络中,每一个运输环节都变得透明且可控,实现了对运输全过程的实时追踪与监管。这种技术上的革新,不仅显著提升了运输流程的透明度和可追溯性,使得企业和消费者能够更为准确地掌握货物的实时位置和运输状态,而且大幅增强了运输服务的安全性和可靠性。借助物联网技术,企业能够实时捕捉到运输过程中的各种异常信号,及时发现并处理潜在的安全风险,从而有效降低事故发生的概率,保障货物和人员的安全无虞。同时,物联网技术的应用还为企业带来了显著的运营效益。通过精细化的数据分析和智能化的决策支持,企业能够更为精准地优化运输流程,减少不必要的运输损耗和时间延误,进而提高整体运输效率,不仅有助于企业降低运营成本,提升市场竞争力,更为行业的可持续发展和转型升级提供了强有力的技术支撑。

(三)自动驾驶技术的发展

自动驾驶技术作为未来交通运输领域的重要发展方向,其潜在的市场价值和社会影响力不容小觑。随着自动驾驶技术的不断进步和成熟,传统驾驶方式将逐渐被取代,交通运输市场将迎来革命性的变革。掌握自动驾驶技术的企业将在这场变革中占据先机,成为引领行业发展的佼佼者。自动驾驶技术的应用将极大提升道路安全和运输效率。通过精确的传感器和先进的算法,自动驾驶车辆能够实时感知周围环境并做出快速决策,有效减少人为因素导致的事故风险。同时,自动驾驶技术还有助于实现车辆间的协同驾驶和智能调度,优化整个交通系统的运行效率。这些优势将为企业带来显著的成本节约和竞争力的提升,使其在激烈的市场竞争中脱颖而出。此外,自动驾驶技术的发展还将推动交通运输行业与其他行业的深度融合。例如,与智慧城市、智能制造等领域的结合将为交通运输企业带来更多的商业机会和发展空间,这种跨界融合将进一步加剧市场竞争的激烈程度,但同时也为企业提供了更多的合作机会和创新可能。

二、绿色环保趋势下的市场竞争新格局

(一)绿色运输方式的兴起

在绿色环保的全球趋势下,交通运输行业正迎来深刻的变革,绿色运输方式,以新能源汽车、电动船舶等为代表,正逐渐崭露头角,成为市场的新宠。这些运输方式以其低能耗、低排放、高环保的显著优点,契合了可持续发展的时代要求,引领着交通运输行业向更加绿色、清洁的方向迈进。企业在布局绿色运输方式时,不仅面临着技术创新的挑战,还需应对激烈的市场竞争。为了在市场中抢占先机,企业必须不断加大研发投入,提升技术水平,推动绿色运输技术的突破与应用;同时,企业还需关注市场需求变化,精准把握消费者对于绿色、环保运输方式的偏好,以定制化、个性化的服务满足市场需求,从而在竞争中脱颖而出。

(二)节能减排技术的应用与推广

随着全球气候变化问题的日益严峻,节能减排技术在交通运输领域的应用与推广显得愈发重要,企业纷纷认识到,通过采用先进的节能设备、优化运输结构等措施,降低能源消耗和减少污染物排放,不仅有助于提升企业的环保形象,更能增强其在市场中的竞争力。为了实现这一目标,企业正在积极探索各种节能减排技术。例如,利用先进的能效管理系统,实时监测和控制运输过程中的能

源消耗；采用轻量化设计、高效能动力系统等手段，提升运输工具的能效表现；推广多式联运、甩挂运输等高效运输组织方式，减少无效运输和能源消耗等。这些举措不仅有助于企业降低运营成本，提高经济效益，更能推动整个交通运输行业向更加绿色、可持续的方向发展。

（三）绿色物流体系的构建与完善

在绿色环保趋势下，绿色物流体系的构建与完善已成为市场竞争的重要方面，企业需要整合各方资源，通过构建高效、环保的物流体系，实现物流过程的绿色化、智能化和高效化，以应对日益激烈的市场竞争。绿色物流体系的构建涉及多个环节，包括绿色包装、绿色运输、绿色仓储等。企业需要采用环保材料进行包装，减少一次性塑料等不可降解材料的使用；在运输环节，应优先选择绿色运输方式，如使用新能源汽车进行配送；在仓储环节，则需合理利用空间，提高仓储效率，减少能源消耗和排放。此外，智能化技术的应用也是构建绿色物流体系的关键。通过引入物联网、大数据等技术手段，企业可以实现对物流过程的实时监控和优化，提高物流效率和准确性，同时降低能耗和排放，有助于企业在绿色物流领域获得竞争优势，提升市场份额和盈利能力。

三、未来交通运输市场竞争趋势预测

（一）服务质量竞争将更加激烈

在交通运输行业，服务质量的优劣直接关系着企业的市场地位和消费者的满意度，随着消费者对服务质量要求的持续提高，未来该领域的竞争势必将更加白热化。这种竞争不仅体现在基本的运输效率和准时性上，更延伸至服务的便捷性、高效性以及个性化程度。为了在这场竞争中脱颖而出，企业必须深入了解消费者的需求和期望，并据此不断提升自身的服务水平。这包括但不限于优化运输流程以减少等待时间，提高服务人员的专业素质以增强消费者体验，以及利用先进技术如大数据分析来提供更加个性化的服务。通过这些措施，企业不仅能够满足消费者日益多样化的需求，更能在激烈的市场竞争中稳固甚至扩大自身的市场份额。

（二）创新驱动成为核心竞争力

在未来的交通运输市场竞争中，创新能力无疑将成为决定企业成败的关键因素，这种创新不仅体现在技术的研发和应用上，更包括商业模式的创新和优化。随着科技的不断进步和消费者需求的快速变化，传统的交通运输模式正面临着前所未有的挑战。为了应对这些挑战，企业必须加大在技术创新方面的投入，积极探索和应用如人工智能、物联网、自动驾驶等前沿技术，以提升运输效率、降低成本并增强安全性；同时，商业模式的创新也同样重要。企业需要根据市场变化和消费者需求，灵活调整自身的业务模式和运营策略，以提供更加符合市场需求的服务和产品。通过这种全方位的创新，企业不仅能够在激烈的市场竞争中立于不败之地，更有望引领整个行业的未来发展方向。

（三）跨界融合趋势明显

在互联网技术日新月异的背景下，交通运输行业正迎来前所未有的跨界融合机遇，这种融合趋势打破了传统行业边界，使得交通运输与电商、旅游等多元产业得以深度融合。这种跨界合作不仅为交通运输企业开辟了全新的业务领域，更为其带来了丰富的业务机会和广阔的发展空间。具体而言,通过与电商行业的结合,交通运输企业能够更精准地把握市场需求,提供定制化的物流服务,满足消费者日益增长的在线购物需求。而与旅游行业的融合,则有助于交通运输企业开发更具吸引力的旅游线路和产品,提升服务品质,吸引更多游客。然而,跨界融合也带来了更为复杂的市场竞争环境。企业需要不断调整战略,优化资源配置,以应对跨界竞争带来的挑战;同时,这也为企业提供了更多的合作机会,通过跨界合作,企业可以共同开发新市场,实现资源共享和优势互补,从而提升整体竞争力。

第四节　交通运输行业消费者行为研究

一、消费者需求特点分析

(一)出行方式与频率的需求分析

在交通运输领域,消费者出行方式与频率的选择已逐渐成为研究的重要课题,其背后反映出的是消费者多样化的需求与偏好。受出行目的、距离及时间成本等多重因素的影响,消费者对出行方式的抉择呈现出显著的差异化特征。具体而言,短途出行场景下,公共交通与共享单车以其便捷性和经济性受到消费者的青睐,成为城市交通的重要组成部分。相较于此,长途旅行则更多考虑飞机或高速铁路等高效快速的交通方式,以满足消费者对时间效率和舒适度的追求。此外,出行频率作为衡量消费者出行习惯的关键指标,亦不容忽视。高频出行的消费者群体,如商务人士和通勤者,往往对出行的便捷性和时间效率提出更高要求,倾向于选择能够提供稳定且快速服务的交通方式。相对而言,低频出行的消费者,如度假游客或探亲访友者,则更可能将舒适度和旅途体验置于首位,追求在旅途中享受与放松。

(二)成本与预算的考量

在消费者选择交通运输服务的过程中,成本与预算的考量始终占据着举足轻重的地位,消费者会根据自身的经济状况及预算,对不同出行方式的成本效益进行综合权衡。这里的成本不仅涵盖票价、额外消费等直接经济支出,还包括时间成本、延误或取消所带来的潜在风险成本等。票价作为消费者最为直观的成本感知,其合理性与透明度直接影响着消费者的购买决策。因此,交通运输企业应致力于提供清晰明了的定价策略,避免隐性收费,以提升消费者的信任感。同时,额外费用的设置也需谨慎考虑,过高的额外费用可能引发消费者的抵触情绪,进而影响企业的市场竞争力。除此之外,时间成本在现代社会中的重要性日益凸显。消费者对于出行时间的敏感度不断提升,特别是在高频出行场景中,节省时间往往意味着更高的效率与更好的生活品质。因此,交通运输企业在提供服务时,应充分考虑到消费者对时间成本的重视,努力提升服务的及时性与可靠性。

(三)舒适度与便捷性的期望

在当今社会,随着人们生活品质的持续提升,消费者对出行过程中的舒适度与便捷性赋予了更高的期望,这种期望不仅局限于物理环境的优化,如座椅的宽敞度、车内的清洁度等直观感受的方面,更延伸至软性服务的全面提升。具体而言,服务人员的专业素养与态度、旅途中的多元化娱乐设施等,均成为衡量出行舒适度的重要标准。与此同时,便捷性在消费者出行选择中的权重也日益凸显。这里的便捷性涵盖了出行前、中、后全过程的流畅体验。例如,出行前的预订与支付流程是否简洁高效,能否通过数字化平台实现一键式操作;旅途中的信息获取是否及时准确,如实时定位、交通状况更新等;以及行李托运的便利性和安全性,都是消费者考量的关键因素。因此,对于交通运输企业而言,满足消费者对舒适度和便捷性的期望,已不仅仅是提升服务品质的内在要求,更是增强市场竞争力、塑造品牌形象的重要途径。

(四)个性化与定制化需求的崛起

在当今高度个性化的消费时代,个性化与定制化需求在交通运输领域正迅速崛起,成为引领市场发展的新动力。这种需求的崛起,源于消费者对自我价值和独特性的追求,以及科技进步为个性化服务提供的无限可能。个性化需求体现在消费者对出行时间、路线和服务内容等方面的自主选择和定制。他们不再满足于传统的、固化的出行模式,而是希望根据自己的实际需求和时间表,灵活调整出行计划,享受更加贴合个人喜好的服务。例如,一些消费者可能倾向于选择非高峰时段的出行,以避开人流高峰,享受更为宁静的旅途;或者在长途旅行中,期望获得定制化的餐食服务、私人休息空间等,以提升旅途的舒适度和满意度。为满足这些个性化与定制化需求,交通运输企业必须不断创新服务模式,运用大数据、人工智能等先进技术,精准洞察消费者的偏好和需求,提供更加灵活、个性化的服务选项。

二、消费者决策过程剖析

（一）需求识别与触发因素

在消费者行为学中，需求识别是决策过程的起始阶段，对于交通运输领域而言，这一环节尤为重要。消费者的交通运输需求往往源自特定的出行目的，这些目的可能是工作相关、旅游休闲，或是探亲访友等。深入探究这些需求的触发因素，有助于企业更全面地理解市场动态和消费者心理。需求的触发因素可分为内部和外部两大类。内部因素主要涉及个人或家庭的日常需要和愿望，如定期通勤、家庭度假等。这些因素具有稳定性和可预测性，是构成基础出行需求的重要支柱。而外部因素则更为复杂多变，包括社会环境的变化（如政策调整、经济发展状况）、市场促销活动，甚至是天气状况等。这些外部因素可能通过影响消费者的心理预期、出行成本或出行体验等方面，间接触发或改变其交通运输需求。在需求识别阶段，消费者会经历一个明确化的过程，即确定出行的具体时间、地点以及目的，这一过程的清晰与否，将直接影响消费者后续的信息搜索、方案评估和最终决策。

（二）信息收集渠道与影响力分析

在消费者决策过程中，信息收集是一个承上启下的关键环节，一旦消费者明确了出行需求，他们便会通过多种渠道来收集相关信息，以支持其做出明智且满意的决策。这些渠道包括但不限于亲友的口碑推荐、网络搜索引擎、社交媒体平台以及专业的旅行网站等。不同的信息收集渠道具有各自独特的特点和影响力。例如，亲友的推荐往往基于真实的体验和信任关系，因此对消费者的决策具有较强的说服力；而网络搜索和社交媒体则提供了更为广泛且多样的信息来源，但信息的真实性和可信度可能需要消费者进一步甄别。此外，专业旅行网站通常提供更为详细和专业的服务信息，对于追求高品质出行的消费者而言，这类渠道的影响力不容忽视。分析这些信息收集渠道及其对应的影响力，对于交通运输企业而言具有重要意义。企业不仅可以通过优化自身在各渠道的信息展示和传播策略，提高品牌知名度和信誉度，还可以根据消费者的信息获取偏好，调整营销策略，以便更精准地触达目标消费群体。

（三）方案评估与选择标准

在消费者决策过程的方案评估阶段，对各种可行出行方案的细致考量显得尤为关键。消费者会依据一系列明确或隐含的标准来评估每个方案的优劣，这些标准构成了他们选择偏好的基础。评估标准通常涵盖多个维度，如成本效益、时间效率、舒适度体验、便捷性感知以及安全性考量等。值得注意的是，不同消费者群体对这些标准的重视程度存在显著差异。例如，商务旅行者可能更倾向于选择时间效率高、舒适度好的高端出行方式，以确保行程的顺利与高效；而家庭度假者则可能更看重成本效益和安全性，寻求性价比高的出行解决方案。这种多样化的选择偏好要求交通运输企业能够深入洞察各类消费者的核心需求，并据此提供精准匹配的产品和服务。为了实现这一目标，企业需要通过市场调研和数据分析等手段，全面了解消费者的评估标准和偏好分布。

（四）决策制定过程中的心理与行为特征

在消费者决策制定的终极阶段，一系列复杂的心理和行为特征开始显现，它们共同作用于消费者的最终选择。风险厌恶心理是消费者在面临不确定性时的一种自然反应，它促使消费者倾向于选择那些他们认为风险最小、最安全的选项。在交通运输领域，这可能表现为对熟悉且信誉良好的服务提供商的偏好。品牌忠诚度则是消费者对特定品牌或服务提供商的积极情感和持续支持，这种忠诚度往往基于过去的满意体验或品牌形象。从众心理反映了消费者在一定程度上会受到周围人群或社会趋势的影响，从而在决策时倾向于跟随主流选择。此外，消费者在决策过程中可能会表现出犹豫和反复，通常源于信息的不完全性、选择项的多样性以及个人偏好的复杂性，这种犹豫和反复不仅增加了决策的时间成本，还可能影响消费者的最终满意度。对于交通运输企业而言，深入了解这些心理和行为特征至关重要，它们不仅揭示了消费者决策背后的深层次动机，还为企业制定有针对性的营销策略和服务改进提供了宝贵线索。

三、消费者满意度与忠诚度研究

（一）满意度的测量方法与指标

在消费者行为研究中，满意度被视为衡量消费者对交通运输服务评价的核心指标，其重要性不言而喻。为了精确量化这一指标，多种科学的测量方法被广泛应用，其中包括问卷调查、在线评价系统以及客户反馈机制等。这些方法的设计均旨在全面而深入地捕捉消费者对服务的真实感受。在实施过程中，研究者会精心设计问卷或评价表格，确保其中包含针对服务质量、效率、员工态度等关键维度的细致评估。通过采用量化评分系统，如利克特量表，消费者可以便捷地对各项服务属性进行打分，从而为企业提供宝贵的量化数据。同时,开放性问题的设置也鼓励消费者分享他们的具体经历和建议,进一步丰富了反馈信息的层次和深度。通过这些测量方法,企业不仅能够全面了解消费者对当前服务的整体满意度,还能深入洞察服务过程中的优点与潜在不足。

(二)影响满意度的关键因素分析

在交通运输领域,影响满意度的因素呈现出多样性和复杂性的特点,它们共同作用于消费者的服务体验,进而决定其满意度水平。服务的准时性和可靠性是消费者评价交通运输服务的基础性指标。准时到达和稳定的服务表现能够显著增强消费者的信任感,为其带来安心的出行体验。同时,舒适度作为一个综合性指标,涵盖了座椅设计、车内环境、噪声控制等多个方面,它直接影响消费者在旅途中的物理和心理感受。此外,员工的专业素养和服务态度也是影响消费者满意度的重要因素。友善、专业的员工能够提升服务的整体质感,为消费者营造愉悦的氛围。票价合理性、行程安排的灵活性以及投诉处理的效率同样不容忽视。合理的票价策略能够确保消费者感受到物有所值,而灵活的行程安排则满足了消费者多样化的出行需求;高效、公正的投诉处理机制则能够在服务失误时及时挽回消费者信任,维护品牌形象。

(三)忠诚度的形成与维持策略

为了培养和提升消费者忠诚度,企业应首先确保提供一致且高品质的服务。这意味着企业需要在服务的每一个环节都严格把控质量标准,确保消费者在任何时候、任何地点都能享受到卓越的服务体验。同时,企业还应注重与消费者的沟通和互动,倾听他们的声音,理解他们的需求,并据此不断优化服务流程和政策。除了基础的服务质量保障外，个性化的服务体验也是提升忠诚度的重要手段。通过利用大数据和人工智能技术，企业可以为消费者提供定制化的服务方案，满足他们独特的出行需求。此外，定期的客户关怀活动、会员优惠计划以及专属的客户服务团队等举措，都能进一步增强消费者的归属感和忠诚度。

四、消费者行为变化趋势预测

（一）科技发展对消费者行为的影响

在探讨科技发展对消费者行为的影响时，不可避免地要提及互联网、大数据和人工智能等颠覆性技术的崛起。这些技术的迅猛发展，正以前所未有的速度和深度改变着消费者的出行行为模式。智能手机的广泛普及，作为这一变革的显著标志，赋予了消费者随时随地获取交通信息的便利。通过手机应用，消费者能够实时查询公交、地铁等公共交通的到站时间，预约出租车或共享单车，甚至利用导航软件规划最佳出行路线。这种信息获取的即时性和准确性，极大地提升了消费者的出行效率和体验。更进一步地，自动驾驶、无人机配送等前沿技术的应用，为消费者带来了前所未有的便捷体验。自动驾驶技术通过集成先进的传感器、算法和计算机视觉技术，实现了车辆的自主导航和驾驶，从而为消费者提供了更为安全、舒适的出行环境；而无人机配送则通过空中运输的方式，打破了传统物流的地理限制，为消费者提供了更快速、便捷的货物配送服务。

（二）社会经济变迁带来的消费观念变化

社会经济的快速发展不仅提升了人们的生活水平，也深刻地影响了消费者的消费观念,在交通运输领域,这种变化尤为明显,消费者越来越注重出行的品质和效率,而价格因素则逐渐退居次要地位。这一转变的背后,是消费者对时间成本和生活质量的更高追求。在现代社会,快节奏的生活方式使得时间成为一种宝贵的资源。因此,消费者在选择出行方式时,更倾向于那些能够提供高效、准时服务的选项,以确保他们能够按计划到达目的地,减少不必要的等待。同时,随着共享经济、绿色出行等理念的普及,越来越多的消费者开始意识到环保和节能的重要性,他们更倾向于选择那些低碳、环保的出行方式,如公共交通、电动汽车等,以减少对环境的负面影响。面对这些变化,交通运输企业必须紧跟时代步伐,不断更新服务理念和产品,积极响应环保号召,推动绿色出行技术的研发和应用,以满足消费者对环保、节能的期望。

(三)消费者行为模式的创新与颠覆

传统的出行方式和服务模式,因其固有的局限性和缺乏个性化的特点,已经越来越难以满足现代消费者对高品质生活的追求。在此背景下,一系列新兴的出行方式应运而生,如拼车、共享单车、网约车等。这些模式的出现,不仅为消费者提供了更为丰富和多元化的出行选择,更在深层次上改变了消费者的出行习惯和行为模式。例如,拼车服务通过智能算法将具有相似出行需求的消费者进行匹配,有效减少了空座率和交通拥堵,同时也为消费者带来了更为经济和环保的出行体验。共享单车则以其便捷性和灵活性受到了广大消费者的喜爱,特别是在短途出行和公共交通接驳方面展现出了巨大的优势。

（四）可持续性与环保趋势的加强

随着全球环境问题的不断凸显，可持续性和绿色环保已经逐渐成为消费者在选择出行方式时的重要考量因素。这一趋势的加强，不仅体现了消费者对环境保护意识的提升，也反映了他们对未来可持续发展的深切关注。在这一背景下，越来越多的消费者开始倾向于选择低碳、环保的出行方式。新能源汽车、公共交通等环保出行方式因此得到了快速发展。新能源汽车以其零排放、低能耗的特点，受到了越来越多消费者的青睐。同时，公共交通作为一种高效、节能的出行方式，也在不断提升服务质量，吸引更多消费者选择。同时，企业还应加强环保宣传和教育，提高消费者对环保出行方式的认知度和接受度，只有这样，企业才能顺应时代发展的潮流，满足消费者的环保需求，实现可持续的发展目标。

五、消费者细分与市场定位策略

（一）消费者细分的方法与标准

在市场营销的实践中，消费者细分被视作策略制定的基石，其重要性在于帮助企业更为精准地洞察并满足不同消费群体的独特需求。在交通运输领域，这一细分过程尤为关键，因为它涉及出行行为的多样性、服务期望的差异性以及消费心理的复杂性。细分消费者的方法多种多样，但通常都基于几个核心维度：出行目的、出行频率、预算范围以及对服务质量的具体期望。例如，商务出行者往往对时间效率和舒适度有着极高的要求，他们倾向于选择能够提供快速、便捷且高品质服务的交通方式。相反，旅游者则可能更加关注服务体验的独特性和行程安排的灵活性，他们对交通方式的选择更多地受到个人喜好、文化背景和旅行目的地的影响。为了更科学地进行消费者细分,企业可以综合运用人口统计数据、心理图谱分析以及行为模式识别等多种方法制定出更为精细、更具针对性的细分标准,从而更有效地满足不同消费群体的需求。

(二)不同细分市场的特征与需求分析

以年轻群体为例,他们通常对新鲜事物充满好奇,追求便捷、灵活的出行方式,在数字化、网络化的时代背景下,这一群体更加注重个性化和定制化的服务体验。他们倾向于使用智能手机应用来规划行程、预订票务,并享受一键式、无缝衔接的出行服务。因此,对于针对年轻群体的交通运输企业来说,提供便捷高效的移动应用、丰富多样的出行选择以及个性化的定制服务是至关重要的。此外,家庭出行者则表现出对安全性和儿童友好型服务的强烈关注。在选择出行方式时,他们优先考虑的是交通工具的安全性能、儿童座椅的配备情况以及车内环境的舒适度等因素。为了满足这一细分市场的需求,交通运输企业需要提供具备高度安全保障的车辆、贴心的儿童照护服务以及宽敞舒适的乘车空间;同时,通过加强品牌宣传和服务创新,企业可以进一步提升在家庭出行市场中的竞争力和品牌形象。

(三)市场定位策略的制定与实施

市场定位策略是企业根据目标细分市场的特征和需求,确定自身产品或服务在市场上的独特位置和形象的过程。在交通运输行业,这可能涉及提供高端豪华服务、经济实惠型服务或专注于某一特定出行需求的服务等。制定市场定位策略时,企业需要综合考虑自身的资源、能力和市场趋势,以确保定位的准确性和可持续性。实施市场定位策略时,企业应通过有效的营销传播,确保目标消费者能够清晰地感知到企业的定位和价值主张。

(四)竞争对手分析与差异化定位

在激烈的市场竞争中,对竞争对手进行深入分析是制定有效市场定位策略的关键,企业需要了解竞争对手的产品特点、服务质量、价格策略以及市场份额等信息,以便找到自身的优势和差距。差异化定位是在竞争分析中寻求与众不同的点,从而为消费者提供独特且有价值的产品或服务。在交通运输行业,差异化定位可能体现在提供更快捷的出行时间、更舒适的乘车环境、更个性化的服务等方面。通过实施差异化定位,企业可以在竞争激烈的市场中脱颖而出,吸引并留住目标消费者。

第四章　交通运输与环境保护

第一节　交通运输对环境的影响

一、交通运输对大气环境的影响

（一）尾气排放与大气污染物的形成

交通运输作为现代社会不可或缺的一部分，其对大气环境的影响日益凸显，尾气排放是交通运输过程中不可避免的现象，其中包含的大量有害物质如一氧化碳、氮氧化物、颗粒物等，已成为大气污染物的重要来源。这些物质在排放后会在大气中逐渐聚集，进而形成广泛的污染。特别是在城市交通拥堵的时段，由于汽车频繁启停，尾气排放更为密集，污染程度也随之加剧。长时间暴露在这样的环境下，人体的健康将面临严峻挑战。呼吸系统疾病、心血管疾病等与大气污染密切相关的疾病发病率不断攀升，给社会医疗体系带来了沉重负担。因此，从维护公共健康和环境质量的角度出发，尾气排放对大气环境的影响绝不容忽视。

（二）温室效应加剧与全球气候变化

交通运输业对温室气体的排放同样具有显著贡献，其中尤以二氧化碳的排放为甚，随着全球经济的持续发展和人们出行需求的增加，交通工具的数量不断攀升，温室气体排放量也随之持续上升，从而导致全球气温逐渐升高。气温的升高进而引发了一系列连锁反应，极端天气事件如暴雨、干旱、飓风等频繁发生，海平面上升威胁着沿海城市的安全，冰川融化导致淡水资源减少等。这些气候变化问题不仅对人类社会造成了深远影响，也对地球的自然生态系统构成了严重威胁。因此，交通运输对温室效应加剧和全球气候变化的推动作用，必须引起全球范围内的高度重视。

（三）大气污染治理与交通运输政策

面对交通运输带来的大气污染问题，各国政府均已认识到其严重性，并纷纷采取措施进行治理。一方面，政府通过制定更为严格的汽车排放标准，限制高污染车辆的行驶，以减少尾气排放中的有害物质。同时，积极推广清洁能源交通工具，如电动汽车、混合动力汽车等，以降低传统燃油汽车的使用比例。另一方面，优化城市交通规划也成为治理大气污染的重要手段。通过提高公共交通的出行比例，降低私家车的使用率，可以有效减轻交通拥堵现象，进而减少尾气排放。此外，鼓励市民采用步行、骑行等低碳出行方式，也是降低交通运输对大气环境影响的有效途径。这些政策的实施不仅有助于改善大气环境质量、保护人们的健康，还对于推动交通运输行业的绿色可持续发展具有重要意义。然而，要实现这一目标，需要政府、企业和社会各界的共同努力。

二、交通运输对水环境的影响

（一）船舶运输与水域污染

船舶运输作为水上交通的重要方式，其在全球货物运输和人员往来中扮演着举足轻重的角色。然而,伴随着船舶运输的繁荣,水域污染问题也日益凸显。船舶在运营过程中会产生大量的废水,其中包括洗涤废水、生活污水以及机器运转过程中产生的含油废水等。这些废水往往未经充分处理便直接排入水域,从而对水质造成严重影响。油污是船舶运输中另一个不容忽视的污染源。燃油泄漏、船舶排放的废油以及机器维修过程中产生的油污等,都会直接进入水域,对水生生态系统造成破坏。油污会附着在水生生物体表,影响其正常的生理功能,甚至导致死亡。此外,油污还会在水面形成一层油膜,阻碍氧气进入水体,影响水生生物的呼吸。特别是在繁忙的航道和港口区域,船舶运输密集,污染问题更加突出,这些区域的生态系统本已脆弱,加之船舶运输带来的污染压力,很容易引发生态失衡。因此,针对船舶运输产生的水域污染问题,必须采取有效措施进行防治,如加强废水处理、推广使用环保型船舶、建立严格的油污排放标准等。

(二)道路建设与水文循环改变

道路建设作为现代交通运输体系的重要组成部分,其对水环境的影响不容忽视,在道路建设过程中,大量的土方开挖和排水设施建设往往改变了原有的地表水流动路径,不仅影响了地表水的自然循环,还可能对地下水补给机制造成干扰。具体而言,道路表面的不透水性材料会增加地表径流,减少地下水的渗入量。这种变化可能导致周边水域的水量减少,进而影响水生生物的栖息环境。同时,道路建设中使用的各种化学材料和施工废弃物也可能通过雨水冲刷等方式进入水体,对水质造成潜在威胁。此外,道路建设还可能引发水土流失和河岸侵蚀等环境问题。特别是在山区和丘陵地带,不合理的道路建设可能加剧水土流失现象,对生态环境造成长期负面影响。因此,在道路规划和设计阶段,必须充分考虑其对水环境的影响,并采取有效的环境保护措施来减轻这些负面影响。

(三)跨水域交通设施的环境影响

跨水域交通设施如桥梁、隧道等在现代交通网络中占据着重要地位,然而,这些设施的建设和运营过程中也可能对水环境产生不利影响。以桥梁为例,其建设可能阻碍河流中水生生物的迁徙路径和繁殖场所,从而影响生物多样性和生态平衡。同时,桥梁施工过程中的物料堆放、机械作业等也可能对水域造成污染。隧道建设则可能改变地下水的流动方向,影响地下水资源的质量和数量。此外,跨水域交通设施还可能引发水土流失和河岸侵蚀等环境问题。例如,桥梁墩台的施工可能破坏河岸的稳定性,导致河岸侵蚀加剧;而隧道开挖则可能破坏地下水文环境,引发地面沉降等问题。因此,在规划和建设跨水域交通设施时,应充分考虑其对水环境的潜在影响,通过科学合理的选址、设计以及施工过程中的环境保护措施来减轻这些负面影响;同时,加强设施运营过程中的环境监管和维护工作也是必不可少的环节。

三、交通运输对土壤环境的影响

(一)车辆行驶与土壤污染

在车辆行驶过程中,轮胎磨损和油料泄漏是两个主要的污染源,轮胎在长时间的行驶过程中会逐渐磨损,产生大量的微粒。这些微粒中含有重金属如锌、铜等,以及其他有害物质如多环芳烃等。这些有害物质随雨水冲刷进入土壤,长期积累可能对土壤生态造成破坏，影响土壤微生物的多样性和活性，进而干扰土壤的正常功能。同时，油料泄漏也是车辆行驶过程中常见的污染问题。无论是燃油还是润滑油，一旦泄漏到土壤中，都会直接破坏土壤的理化性质。油料中的化学成分会改变土壤的 pH 值，影响土壤养分的有效性，甚至导致土壤微生物群落的失衡。这些变化不仅影响土壤的健康状况，还可能通过食物链对生态系统中的其他生物产生负面影响。此外，这些污染物的扩散和迁移还可能对周边区域的土壤环境构成威胁。特别是在水源保护区、农田等敏感区域，车辆行驶带来的土壤污染问题更需要引起高度重视。因此，加强车辆维护和检修，推广使用环保型轮胎和油料，以及建立严格的土壤污染监测和治理机制，是减轻车辆行驶对土壤环境污染的有效途径。

（二）道路建设与土壤结构破坏

在道路建设过程中，大量的土方开挖、填筑和压实会改变土壤的自然状态，破坏土壤的原有结构。这种破坏不仅影响土壤的通透性和保水能力，使得土壤更容易受到风化和侵蚀，还可能导致土壤养分流失和生物多样性下降。特别是在山区和丘陵地带，道路建设往往涉及大量的挖填方工程，可能加剧水土流失和土壤侵蚀现象。这不仅影响道路的安全性和使用寿命，还对周边生态环境造成长期影响。因此，在道路建设中，需要充分考虑土壤结构的保护问题。通过采取合理的工程措施如设置挡土墙、排水沟等，以及实施生态保护措施如植被恢复、土壤改良等，可以有效减轻道路建设对土壤结构的破坏程度；同时，加强道路建设过程中的环境监管和评估工作也是必不可少的。通过定期监测土壤质量变化，及时发现并解决潜在的土壤环境问题，可以确保道路建设与土壤环境保护的协调发展。

（三）土壤修复与交通运输可持续发展

面对交通运输对土壤环境造成的损害，采取有效的土壤修复措施显得尤为重要，土壤修复旨在通过物理、化学或生物方法去除或降低土壤中的污染物含量，恢复土壤的理化性质和生态功能。针对不同类型的土壤污染问题，需要选择合适的修复技术。例如，对于重金属污染的土壤，可以采用淋洗、固化稳定化等技术进行处理；对于有机污染的土壤，则可以采用生物降解、热脱附等方法进行修复。为了实现交通运输的可持续发展，必须在规划、设计和运营等各个环节充分考虑土壤环境保护。在规划阶段，应优化交通线路布局，尽量避免穿越敏感区域，如农田、水源保护区等；在设计阶段，应采用环保型材料和工艺，减少土方开挖和废弃物产生；在运营阶段，应加强道路养护和维修工作，防止油料泄漏和轮胎磨损等污染问题的发生。

四、交通运输对声环境的影响

（一）交通工具噪声的产生与传播

交通工具在运行过程中，不可避免地会产生各种噪声，这些噪声主要来源于发动机轰鸣声、轮胎与地面摩擦声以及刹车声等。随着交通工具数量的急剧增加，噪声污染问题也日益凸显，给城市居民的生活和工作环境带来了不小的干扰。噪声的产生与交通工具的类型、运行状态以及路面状况等多种因素有关。例如，重型车辆在加速或减速时，其发动机和排气系统产生的噪声往往更为显著。而轮胎与不同材质的路面摩擦时，也会产生不同强度和频率的噪声。这些噪声源不仅强度高,而且具有持续性和反复性,使得交通噪声成为城市环境中不可忽视的污染源。在噪声传播过程中,环境因素如建筑物、地形地貌等会对噪声进行反射、折射和吸收,从而形成复杂的声场分布。特别是在城市密集区域,高楼大厦等建筑物对噪声的反射作用,可能使得某些区域的噪声污染更为严重。

(二)噪声污染对人体健康的影响

长期暴露在交通噪声环境下,人体健康会受到多方面的负面影响,最为直接的是对听力系统的损害。高强度的噪声,尤其是高频噪声,能够导致听力细胞受损,进而引发听力下降甚至耳聋。此外,噪声还会干扰人们的正常睡眠模式,导致睡眠质量下降。长期睡眠不足可能引发疲劳、注意力不集中、记忆力减退等问题,严重影响个体的日常生活和工作效率。除了对听力和睡眠的直接影响外,噪声还会引起人们的心理压力和情绪波动。长期处于噪声环境中,个体可能感到烦躁、焦虑,甚至出现抑郁症状,这些心理问题不仅影响个体的主观幸福感,还可能对社会关系和工作表现产生负面影响。因此,从保护人体健康的角度出发,降低交通噪声污染显得至关重要。

(三)交通运输噪声控制与治理

为了有效控制交通运输噪声,需要采取综合性的措施。首先,从源头上减少噪声的产生是关键。这可以通过提高交通工具的制造技术来实现,如优化发动机和轮胎设计,以降低运行时的噪声强度。同时,对于公共交通工具,如公交车和地铁,可以采用低噪音的电动机和减震技术来减少噪声和震动。其次,合理规划交通线路也是重要的一环。通过避免交通拥堵和减少高速行驶的路段,可以降低因加速、减速和刹车等操作产生的噪声。此外,在城市规划中预留足够的绿地和开放空间,作为声屏障和绿化带,也能有效减少噪声的传播和影响。最后,加强噪声监测和管理是必不可少的措施。通过设立噪声监测站点,实时掌握各区域的噪声水平,以便及时采取应对措施;同时,制定严格的噪声排放标准,并对超标排放行为进行处罚,可以进一步确保交通运输噪声得到有效控制。

五、交通运输对生物多样性的影响

(一)道路建设与生态系统切割

道路建设在推动社会经济发展的同时,不可避免地会对生态系统产生切割效应,这种现象被生态学家称为“生态隔离”。随着交通网络的日益密集,原本连续、完整的自然生境被纵横交错的道路分割成多个相对孤立的生态片段。这种物理性的切割不仅阻碍了动植物种群的迁徙路径,还严重影响了它们的正常交流与繁衍,实质上破坏了众多生物的自然栖息地。特别是对于某些具有高度移动性或迁徙习性的物种而言,如候鸟、某些哺乳动物等,道路的阻隔作用可能更为显著。它们可能因难以穿越道路而面临种群数量锐减的风险,甚至在极端情况下,可能导致某些物种的局部灭绝。此外,道路建设还可能破坏那些具有重要生态功能的走廊地带,这些地带原本是不同生态系统间物种交流的桥梁,一旦被切断,将进一步加剧区域内生物多样性的下降。

(二)交通污染对动植物的影响

交通运输过程中产生的污染对动植物种群构成了另一层面的

威胁,汽车尾气等排放物中含有的重金属、有害气体及其他有害物质,可通过大气沉降或随雨水冲刷进入土壤与水体环境。这些污染物随后可能被植物吸收,进而通过食物链在各级生物体内积累与传递。污染物在动植物体内的富集可导致多种生理异常,如生长抑制、繁殖能力衰退甚至个体死亡。更为复杂的是,这些化学物质的累积还可能对生物体的遗传物质造成损害,从而影响物种的长期生存与进化潜力。同时,不容忽视的是,交通噪声作为一种非化学性污染,也在对动植物行为产生深远影响。例如,它可能干扰鸟类的交流与求偶行为,或使哺乳动物在迁徙、觅食等活动中表现出异常反应,这些行为层面的改变最终都可能反馈到物种的生存与繁衍上,从而对生物多样性造成间接且深远的影响。

(三)交通运输促进外来物种的传播与入侵

交通运输的快速发展,在促进全球各地经济与文化交流的同时,也间接推动了外来物种的传播与入侵。借助现代化的交通工具,原本受限于地理屏障的外来物种得以迅速扩散至新的生态环境中,这些新引入的物种往往因缺乏自然天敌或面临较弱的竞争压力,而在新栖息地中快速繁殖并占据生态位。外来物种的迅速扩张可能对本地生态系统中的原生物种构成严重威胁,甚至导致后者种群数量的急剧减少或局部灭绝。更为复杂的是,交通运输还可能作为病原体、寄生虫等有害生物的传播媒介,进一步加剧对当地生态系统的潜在破坏。

第二节　绿色交通理念与实施策略

一、绿色交通理念的内涵

(一)环境保护与资源节约

绿色交通理念深植于环境保护与资源节约的核心理念之中,该理念认识到,交通系统作为现代社会的重要组成部分,其对自然环境的影响不容忽视。因此,绿色交通将环境保护置于发展的首要位置,致力于通过优化交通结构、提升运行效率,以减轻对自然环境的负面压力。在绿色交通的视野下,环境保护不仅仅是对自然生态的维护,更包括对城市环境的改善。通过推广清洁能源车辆、建设生态友好的交通基础设施,绿色交通有效减少了大气污染、噪声污染等环境问题,为城市居民创造了更加宜居的生活环境。同时,绿色交通理念强调资源的合理利用与节约。面对全球资源日益紧缺的现实,绿色交通倡导在交通领域广泛应用可再生能源,如太阳能、风能等,以降低对有限化石能源的依赖。此外,通过优化交通设计、提高车辆能效等措施,绿色交通还实现了能源的高效利用,从而减少了资源浪费,为社会的可持续发展奠定了坚实基础。

(二)社会公平与可达性

绿色交通理念深刻体现了对社会公平与可达性的不懈追求,该理念认识到,交通系统作为连接社会各个角落的重要纽带,其公平性与可达性直接关系着社会成员的生活质量和发展机会。因此，绿色交通致力于提供均等化的交通服务，确保所有社会成员能够平等地享受交通发展的成果。在绿色交通的框架下，社会公平不仅体现在交通服务的均等化上，更贯穿于交通规划与决策的全过程。通过公开透明的决策机制、广泛吸纳各方意见，绿色交通确保了不同社会群体的利益得到充分表达和平衡，从而避免了因交通不便而造成的社会排斥现象。可达性则是绿色交通理念的另一重要支柱，它强调交通系统应具备高度的便捷性和安全性，确保所有社会成员能够迅速、可靠地到达目的地。为了实现这一目标，绿色交通倡导建设多层次的交通网络体系，包括公共交通、步行与自行车道等，以满足不同群体的出行需求。

（三）经济效益与可持续性

在绿色交通的实践中，经济效益与环境保护并非矛盾的关系，而是相互促进、协调发展的统一体。通过推广节能环保型交通工具、优化交通流线设计等措施，绿色交通不仅降低了能源消耗和环境污染，同时也提高了交通系统的运行效率和可靠性。这种双赢的局面为城市吸引了更多的投资和企业入驻，从而推动了城市经济的持续繁荣。更为重要的是，绿色交通理念将可持续性作为发展的终极目标。它强调交通系统应具备自我更新和适应未来变化的能力，以确保在满足当前需求的同时，不损害后代满足其需求的能力。为了实现这一目标，绿色交通倡导采用创新的技术和管理模式，如智能交通系统、共享出行模式等，以推动交通产业的绿色转型和升级。通过这些努力，绿色交通不仅为城市带来了经济效益和环境保护的双重收益，更为社会的可持续发展注入了源源不断的动力。

二、实施绿色交通的关键原则

（一）生态优先与绿色发展

在实施绿色交通时，生态优先与绿色发展是首要遵循的原则。该原则强调，交通发展必须以生态保护为前提和基础，确保各项交通建设与自然环境相协调，避免因过度开发而造成的生态破坏。为了实现这一目标，必须积极推动绿色交通技术的研发与应用，通过技术创新来降低交通对环境的负面影响，促进交通产业向绿色、低碳、可持续的方向转型。具体而言，生态优先要求在交通规划、设计、建设及运营等各个环节中，始终将生态保护放在首位。例如，在规划阶段，应充分考虑交通项目对生态环境的影响，避免穿越生态敏感区；在设计阶段，应采用环保材料和节能技术，降低交通设施的环境负荷；在建设阶段，应实施严格的环保监管，确保施工活动不对环境造成破坏；在运营阶段，应加强交通管理，优化交通组织，减少交通拥堵和排放。

（二）以人为本与公众参与

以人为本与公众参与是实施绿色交通的另一重要原则，以人为本强调，交通发展的出发点和落脚点都应是满足人的需求。因此，在绿色交通的实施过程中，应始终关注公众的实际出行需求，优化交通设施和服务，提高出行的便捷性和舒适度。例如，通过完善公共交通网络、推广共享单车等措施，可以为公众提供更加多样化、便捷的出行选择。而公众参与则强调，绿色交通的决策与实施过程应广泛吸纳公众的意见和建议。这不仅有助于增强公众对绿色交通的认同感和支持度，还能提高决策的科学性和有效性。为了实现这一目标,应建立公开透明的决策机制,为公众提供多种参与渠道和方式。例如,可以组织公众座谈会、开展问卷调查等活动,收集公众对绿色交通的意见和建议,并将其纳入决策考虑之中。

(三)系统规划与协调发展

系统规划强调,绿色交通的发展应从城市整体发展的角度出发,制订全面、协调的规划方案。这意味着在进行交通规划时,应充分考虑城市的经济、社会、环境等多方面因素,确保交通发展与城市总体发展相协调。为了实现这一目标,应建立完善的规划体系和方法论,运用先进的规划工具和技术手段进行科学分析与预测。而协调发展则要求在推动绿色交通的过程中,注重不同交通方式之间的协调与互补。通过优化交通网络布局、完善交通衔接设施等措施,可以实现各种交通方式的高效衔接和协同发展,从而提高整个交通系统的运行效率和可靠性。例如,通过加强公共交通与步行、自行车等出行方式的衔接,可以构建更加便捷、高效的城市出行体系。

(四)创新驱动与科技支撑

创新驱动与科技支撑是实施绿色交通不可或缺的原则,其强调应充分发挥科技创新在推动绿色交通发展中的核心作用。通过加强研发投入、推广新技术应用等措施,可以不断突破技术瓶颈,为绿色交通的发展提供强大的动力支持。例如,新能源汽车技术、智能交通系统等创新技术的应用,将为绿色交通的发展带来革命性的变革。同时,科技支撑也是实现绿色交通目标的重要保障,应积极利用现代科技手段来提高交通管理的智能化水平,从而提升交通系统的运行效率和安全性。例如,通过运用大数据、云计算等技术手段进行交通数据分析和预测,可以更加精准地掌握交通运行状况和需求特征,为制定科学合理的交通管理策略提供有力支撑。

表 4-1　实施绿色交通的关键原则

关键原则	具体描述
生态优先与绿色发展	-强调交通发展以生态保护为前提,确保交通建设与自然环境相协调 -推动绿色交通技术研发与应用,降低交通对环境的负面影响 -在交通规划、设计、建设及运营中始终将生态保护放在首位 -避免穿越生态敏感区,采用环保材料和节能技术,实施严格环保监管,优化交通组织
以人为本与公众参与	-强调交通发展以满足人的需求为出发点和落脚点 -关注公众实际出行需求,优化交通设施和服务,提高出行便捷性和舒适度 -广泛吸纳公众意见和建议,增强公众对绿色交通的认同感和支持度 -建立公开透明的决策机制,提供多种参与渠道和方式
系统规划与协调发展	-从城市整体发展角度出发,制订全面、协调的交通规划方案 -充分考虑城市经济、社会、环境等多方面因素 -建立完善的规划体系和方法论,运用先进规划工具和技术手段 -注重不同交通方式之间的协调与互补,优化交通网络布局,完善交通衔接设施

续表4-1

关键原则	具体描述
创新驱动与科技支撑	-强调科技创新在推动绿色交通发展中的核心作用 -加强研发投入,推广新技术应用,突破技术瓶颈 -新能源汽车技术、智能交通系统等创新技术应用,为绿色交通发展带来革命性变革 -利用现代科技手段提高交通管理智能化水平,提升交通系统运行效率和安全性

三、绿色交通规划与设计方法

(一)绿色交通规划方法与技术

1. 多模式交通系统规划

多模式交通系统规划在绿色交通理念中占据着核心地位,这一规划方法着眼于构建一个多元化、互补性强的交通网络,其中涵盖了公共交通、步行以及自行车等多种出行方式。其核心理念在于,通过优化这些不同交通模式之间的衔接与转换,能够显著提升整体交通的流畅性和效率。例如,通过精心设计公共交通站点与自行车道、步行道的接驳,可以大幅减少乘客的换乘时间和距离,从而提升出行体验。更重要的是,这种规划方法有助于分散和减轻单一出行方式(如私家车)对环境造成的压力,实现交通系统的绿色化和可持续性。

2. 智能交通技术应用

智能交通技术在推动绿色交通规划实施中发挥着举足轻重的作用,借助先进的信息技术、通信技术和控制技术,智能交通系统为现代城市交通管理带来了革命性的变革。这些技术能够实时监测交通流量，为交通管理部门提供准确的数据支持，从而做出更为科学、合理的决策。同时，信号灯的智能控制功能可以根据实时交通情况灵活调整信号配时，有效缓解交通拥堵，减少车辆排放。此外，车辆行驶的优化调度不仅提高了公共交通的运行效率，还为乘客提供了更为准时、可靠的服务。综上所述，智能交通技术的应用不仅提升了城市交通的智能化水平，还为打造绿色、高效的交通环境奠定了坚实基础。

3. 生态化交通基础设施设计

生态化交通基础设施设计是践行绿色交通理念的重要环节。这一设计方法强调在规划和建设交通基础设施时，必须充分融入生态保护的理念。通过采用环保材料和节能技术，可以显著降低基础设施在运行过程中对环境产生的负面影响。例如，使用可再生材料、低碳建筑材料等，不仅减少了资源消耗，还降低了环境污染。同时，生态化设计还注重提升城市交通系统的生态景观质量，如建设生态廊道、绿色步道等，这些措施不仅美化了城市环境，还为市民提供了更多亲近自然的机会。

（二）绿色交通设计实践与策略

1. 公共交通优先设计

公共交通优先设计在绿色交通实践中占据重要地位，此策略的核心在于通过优化公共交通线路的布局和提高服务水平，以鼓励广大公众更多地选择公共交通作为出行方式。具体而言，优化线路布局可以确保公共交通能够覆盖更广泛的区域，提供更为便捷的连接，从而减少乘客的出行时间和成本。同时，提高服务水平则包括提升公共交通的准时性、舒适性和便捷性，使乘客能够享受到更高质量的出行体验。通过这些措施，可以有效地减少私家车的使用，进而缓解交通拥堵和降低环境污染，实现城市交通系统的绿色化和高效化。

2. 非机动车友好型城市设计

非机动车友好型城市设计是绿色交通设计的另一关键策略，其目标在于构建一个适宜步行和骑自行车的城市环境。为实现这一目标，该设计策略着重于完善非机动车道网络，确保步行和骑行的安全性和舒适性。此外，设置充足的自行车停放设施和提供便捷的自行车租赁服务也是该策略的重要组成部分，这些措施旨在提高非机动车出行的便捷性，从而进一步鼓励公众选择这种环保的出行方式。非机动车友好型城市设计不仅有助于减少机动车的出行需求，缓解城市交通压力，还能促进公众身体健康和生活质量的提高，体现了绿色、健康、可持续的城市发展理念。

3. 绿色停车场与充电设施规划

绿色停车场与充电设施规划在绿色交通设计中扮演着至关重要的角色，该策略强调在停车场的建设和管理中融入环保理念，采用节能材料和可再生能源技术。例如，利用太阳能光伏板为停车场提供清洁能源供应，不仅降低了运营成本，还减少了对化石能源的依赖。同时，该策略注重合理规划充电设施的布局，以满足电动汽车等新能源汽车的充电需求。通过建设便捷、高效的充电设施网络，可以推动新能源汽车的普及和应用，从而进一步减少城市交通的碳排放。总体而言，绿色停车场与充电设施规划是推动城市交通向更加绿色、低碳方向发展的重要举措，对于实现城市的可持续发展具有积极意义。

四、技术创新在绿色交通中的应用

(一)新能源汽车技术

新能源汽车技术以其独特的环保优势,在绿色交通领域发挥着日益重要的作用,这类技术主要包括电动汽车、混合动力汽车等,它们以减少化石燃料消耗和降低尾气排放为核心理念,致力于推动汽车产业的绿色转型。通过应用新能源汽车技术,城市交通能够显著降低对环境的污染,尤其是在减少大气污染物和温室气体排放方面取得显著成效。电动汽车作为新能源汽车的代表,其动力系统完全依赖于电能,从而实现了零排放的目标。与此同时,电动汽车还具有较高的能量转换效率和低噪音的特点,进一步提升了城市交通的环保性能。混合动力汽车则结合了传统燃油汽车和电动汽车的优点,通过优化动力系统设计,实现了在保障车辆性能的同时降低燃油消耗和排放的目标。

(二)智能交通系统(ITS)

智能交通系统是现代信息技术与交通管理相结合的产物,它通过集成信息技术、通信技术、控制技术等先进手段,显著提高了交通管理的效率和智能化水平。在绿色交通领域,智能交通系统的应用对于优化交通流、减少拥堵和延误、降低能耗和排放具有重要意义。例如,通过智能交通信号控制系统,城市管理者能够实时监测道路交通状况并调整信号配时方案,从而有效疏导交通流、减少车辆等待时间和燃油消耗。智能公交系统则能够提供实时的公交车辆位置和到站时间信息,帮助乘客更加合理地规划出行路线和时间,减少不必要的等待和换乘,提高公共交通的使用效率和吸引力。此外,智能交通系统还能为交通管理部门提供丰富的数据支持和分析功能,助力制定更加科学合理的交通管理政策和措施。

(三)绿色交通基础设施技术

绿色交通基础设施技术是绿色交通体系的重要组成部分,涵盖了环保材料的应用、节能型交通设施的设计等多个方面,旨在降低交通基础设施建设和运营过程中的环境影响,提高基础设施的可持续性和使用寿命。在材料选择方面,绿色交通基础设施注重使用环保、可再生的材料,如利用回收材料制成的复合材料用于道路建设,不仅减少了自然资源的消耗,还降低了废弃物的产生。同时,节能型交通设施的设计也充分考虑了能源利用效率和环境适应性,如采用 LED 节能灯具进行道路照明,既保障了行车安全又减少了能源消耗。此外,绿色交通基础设施技术还注重与生态环境的协调与融合,例如,在城市道路建设中采用透水铺装材料,可以有效减少雨水径流对城市排水系统的压力,同时促进地下水的回补和生态环境的保护。

第三节　节能减排技术在交通运输中的应用

一、节能型交通工具的推广与应用

(一)节能型汽车的市场渗透与技术创新

节能型汽车,作为应对全球能源危机和环境污染问题的重要手段,正以其独特的低能耗、低排放特性,逐步在全球汽车市场中占据一席之地。这一市场渗透现象的背后,离不开持续的技术创新推动。在动力系统方面,节能型汽车实现了显著的突破。传统的内燃机系统逐渐被更为高效的混合动力、纯电动等新型动力系统所取代。这些新型动力系统不仅提高了能源利用效率,还显著降低了有害气体的排放,从而实现了更为环保的出行方式。除此之外,节能型汽车在车身材料、智能化配置等方面也取得了显著的进步。轻量化材料的广泛应用,如高强度钢、铝合金、碳纤维等,有效降低了车身重量,提高了汽车的燃油经济性和动力性能。同时,智能化技术的应用,如智能驾驶辅助系统、能量回收系统等,进一步提升了节能型汽车的能效和安全性。

(二)电动公交车的运营效率与成本分析

电动公交车作为城市公共交通系统的重要组成部分,其运营效率和成本效益对于提升城市交通质量、推动公共交通可持续发展具有重要意义。相较于传统的燃油公交车,电动公交车在多个方面展现出其独特的优势。电动公交车具备零排放特性,有效减少了尾气污染对城市环境的影响,为改善空气质量、降低碳排放做出了积极贡献。同时,其低噪音特性也显著提升了乘客的乘坐体验,并降低了对城市噪声污染的影响。在运营成本方面,电动公交车展现出显著的效益。虽然电动公交车的购置成本可能高于传统燃油公交车,但其在维护成本方面具有明显优势。由于电动公交车的动力系统结构相对简单,且减少了润滑油、冷却液等易耗件的使用,因此其维护成本大幅降低。此外,随着电池技术的不断进步和成本下降,电动公交车的能源成本也呈下降趋势,进一步提升了其运营成本效益。

（三）电动自行车的普及及其对城市交通的影响

电动自行车，凭借其轻便、灵活以及经济的特性，已经在城市交通中占据了不可或缺的地位。近年来，随着电动自行车技术的不断进步和成本的持续优化，其市场价格逐渐降低，使得这一交通工具的普及率日益攀升。电动自行车的广泛普及对城市交通产生了深远的影响。其小巧的体型和灵活的操控性使得它能够在拥挤的城市街道上轻松穿梭，从而有效缓解了城市交通拥堵的难题。与传统的机动车相比，电动自行车无须燃油，因此不存在尾气排放问题，显著降低了对城市环境的污染，为改善空气质量做出了积极贡献。此外，电动自行车还被视为一种健康的出行方式，骑行电动自行车不仅能够锻炼身体，提高居民的健康水平，还能在快节奏的城市生活中提供一种轻松、愉悦的出行体验。

（四）氢能源交通工具的发展前景

氢能源作为一种清洁、高效的能源形式，正逐渐在交通运输领域展现出其巨大的应用潜力，以氢气为燃料的氢能源交通工具，通过燃料电池产生电能来驱动车辆，不仅实现了零排放的目标，还保证了高效能源利用。随着氢能源技术的日益成熟和成本的逐步降低，氢能源交通工具的发展前景愈发广阔。这种交通工具不仅能够满足日益严格的环保要求，还能为消费者提供更为经济、高效的出行选择。同时，其在运行过程中产生的唯一副产品是水，对环境影响极小，符合可持续发展的理念。政府和企业也在积极推动氢能源基础设施的建设和完善，在加氢站的建设、氢气储存与运输技术的研发以及氢能源交通工具的推广等方面都取得了显著进展，这些举措为氢能源交通工具的普及提供了有力的支持，预示着其在未来交通运输领域将占据重要地位。

二、智能交通系统在节能减排中的作用

(一)交通信号灯智能控制技术的实施与效果

交通信号灯智能控制技术是当代城市交通管理的重要组成部分,其实施对于优化交通流、减少拥堵以及提升道路使用效率具有显著效果。该技术通过高精度传感器、摄像头以及先进的数据分析算法,实时收集并处理交通流量数据,进而自动调整信号灯的配时方案。该技术的实施,显著提高了路口的通行效率。通过智能调整绿灯时长,使得交通流量较大的方向能够获得更多的通行时间,从而减少了车辆的等待时间和排队长度。这种优化不仅缓解了交通压力,还降低了因怠速和频繁启停而造成的能耗和排放,为城市的节能减排工作做出了实质性贡献。此外,交通信号灯智能控制技术还具备预测性调整的能力。通过分析历史交通数据和实时交通状况,系统能够预测未来一段时间内的交通流量变化,并提前调整信号灯配时。

(二)实时路况信息系统在减少拥堵中的应用

实时路况信息系统是现代智能交通系统的重要组成部分,其利用先进的数据采集、传输和处理技术,为驾驶员提供准确、及时的道路信息。这一系统的广泛应用在减少城市交通拥堵、提升道路运行效率方面发挥了重要作用。通过实时路况信息系统,驾驶员能够实时获取各路段的交通状况信息,包括车流量、行驶速度、拥堵程度等。这使得驾驶员能够根据实际情况做出合理的路线选择,避开拥堵路段,选择更为高效、顺畅的行驶路线。这种动态路

线规划不仅减少了因拥堵而造成的能耗和排放，还提高了出行效率和行驶体验。此外，实时路况信息系统还为交通管理部门提供了有力的决策支持。通过对实时交通数据的分析，管理部门能够及时发现交通拥堵的热点和瓶颈，并采取相应的措施进行疏导和优化。

（三）车联网技术在提升行车效率中的作用

车联网技术作为当代智能交通领域的重要革新，通过实现车辆与基础设施、其他车辆以及云端的无缝信息交互，为提升行车效率开辟了新的途径。这一技术的应用，使得车辆能够实时获取并处理多元化的交通信息，从而做出更为精准、高效的行驶决策。具体而言，车联网技术赋予了车辆“先知”的能力。借助先进的通信设备和数据处理算法，车辆能够实时感知前方道路状况，包括交通流量、事故风险以及交通信号等信息。基于这些信息，车辆可以进行更加合理的行驶规划，如调整行驶速度、选择最优车道等，从而有效规避拥堵和潜在的安全风险。这种技术带来的行车效率提升是显而易见的。通过减少不必要的加速、减速和停车等动作，车联网技术不仅降低了车辆的能耗和排放，还提高了道路的整体通行能力。此外，车联网技术还有助于提升道路交通安全性和乘车舒适度，为乘客提供更加平稳、顺畅的出行体验。

（四）智能停车系统对节能减排的贡献

智能停车系统，作为城市智能交通管理的重要组成部分，通过运用物联网、大数据等尖端技术，实现了对停车位资源的全面监测和高效管理。这一系统的推广应用，不仅有效缓解了城市停车难问题，还为节能减排工作做出了重要贡献。具体而言，智能停车系统通过实时监测停车位的使用情况，为驾驶员提供了准确、及时的停车信息。这使得驾驶员能够快速找到空闲停车位，减少了因盲目寻找停车位而产生的无效行驶和排放。同时，该系统还能根据停车需求动态调整停车场的运营策略，如优化停车位的布局、提高停车位的周转率等，从而进一步提高停车资源的利用效率。智能停车系统的节能减排效果是多方面的。首先，通过减少无效行驶和排放，该系统直接降低了车辆的能耗和环境污染。其次，优化停车场运营管理有助于减少因停车不当造成的交通拥堵和能耗增加。最后，智能停车系统还能推动城市停车产业的绿色升级，为城市的可持续发展注入新的动力。

三、绿色驾驶技术与节能减排

（一）绿色驾驶技术的培训与推广实践

绿色驾驶技术的培训与推广实践，在提升驾驶员环保意识、推动节能减排方面扮演了至关重要的角色。这一举措通过系统的专业培训课程，向驾驶员传授如何更加高效地操作车辆，以达到减少不必要能耗和排放的目的。这些精心设计的课程涵盖了诸多关键领域，如节能驾驶技巧、环保车辆维护方法等，为驾驶员提供了全面的理论指导和实践指南。在实施过程中，绿色驾驶技术的培训不仅注重理论知识的传授，还强调实际操作技能的训练。通过模拟驾驶场景、实地操作演练等多种方式，驾驶员得以在实践中深化对绿色驾驶技术的理解和掌握，从而在实际驾驶过程中更加游刃有余地运用这些技术；与此同时，借助多元化的宣传渠道，如新闻媒体、社交平台等，绿色驾驶技术得以广泛传播，深入人心。

（二）经济车速控制在节能减排中的效果

经济车速控制作为绿色驾驶技术的核心环节，其在节能减排方面的效果不容忽视。在车辆行驶过程中，车速的选择直接影响着能耗和排放的水平。过高的车速会导致风阻和滚动阻力显著增加，进而造成能耗的急剧上升；而过低的车速则可能使发动机长时间处于低效运转状态，同样不利于节能减排。因此，合理控制车速至经济车速范围内，对于实现节能减排目标具有至关重要的意义。经济车速是指在特定路况和车辆负载条件下，能够使车辆能耗和排放达到最优平衡的车速。在这一车速下，发动机能够保持高效运转，风阻和滚动阻力得到有效控制，从而实现能源的高效利用和排放的最小化。实践证明，驾驶员通过合理控制车速，不仅能够有效降低单个车辆的能耗和排放水平，还能在宏观层面对整个交通系统的节能减排做出积极贡献。

（三）优化加减速操作对降低油耗的影响

在绿色驾驶技术的实践中，优化加减速操作被证明是降低油耗的有效手段，行驶过程中，驾驶员对加速和减速的操控直接关联到发动机的负荷变化，进而影响油耗水平。频繁或急剧的加减速会造成发动机工作状态的不稳定，导致燃油燃烧不充分，从而增加油耗。通过实施优化的加减速操作策略，如平稳加速、合理减速，可以显著改善这一问题。平稳加速允许发动机逐步提升到最佳工作转速，减少燃油的浪费性消耗；而合理减速，如提前预判路况并缓缓降低车速，则能避免发动机因突然减速而进入低效工作状态。此外，巧妙地利用车辆的惯性滑行和发动机制动，不仅能在特定情况下减少制动系统的使用，还能回收部分能量，进一步降低油耗和排放。

(四)避免急刹车在减少排放中的重要性

避免急刹车是绿色驾驶技术中一项至关重要的策略,其在减少车辆排放方面扮演着举足轻重的角色。急刹车行为会导致车辆动能的迅速损失,这一过程中,大量的动能被转化为热能,并通过制动系统的摩擦作用散失到环境中。这不仅意味着能量的浪费,更重要的是,它加剧了车辆的燃油消耗和排放水平。在急刹车过程中,发动机和制动系统承受了巨大的负荷,这可能导致燃油燃烧的不完全,进而增加有害气体的排放。此外,频繁的急刹车还会加速制动系统的磨损,缩短其使用寿命,从而间接增加了车辆的维护成本和资源消耗。因此,从节能减排的角度出发,避免急刹车显得尤为重要。通过提前预判路况、保持合理的车速以及平稳的驾驶风格,驾驶员可以显著减少急刹车的发生频率,不仅有助于降低车辆的能耗和排放,提升燃油经济性,还能在一定程度上提高道路交通的安全性和顺畅性。

四、替代能源在交通运输中的应用

(一)太阳能动力交通工具的研发与应用

太阳能动力交通工具的研发与应用,已然成为推动绿色交通发展的重要力量,这类交通工具的设计理念是基于太阳能电池板的高效能量转换,将无尽的太阳能资源转化为驱动车辆前行的电能。随着科研工作的不断深入,太阳能电池的转换效率得到了显著提升,这为太阳能交通工具的性能优化和续航里程延长奠定了坚实基础。在实际应用中,太阳能汽车和太阳能公交车等已经开始了它们的试运行之旅。这些车型通过精巧的设计，将太阳能电池板完美融入车身，既保证了能量的高效收集，又不影响车辆的美观与实用性。它们的出现，不仅展示了太阳能作为替代能源的巨大潜力，更为未来的交通出行方式描绘出了一幅崭新的蓝图。

（二）风能在海洋运输中的利用现状

在广阔的海洋运输领域，风能的利用正逐渐展现出其独特的优势，大型帆船和风力辅助推进系统的出现，为船舶提供了一种全新的动力选择。这些系统通过巧妙的设计，将风力转化为推动船舶前行的力量，从而显著降低了对化石燃料的依赖。目前，一些先进的帆船已经能够实现跨洋航行，这充分证明了风能在海洋运输中的实用性和可靠性。同时，风力辅助推进系统也在商业船舶中得到了逐步应用，为降低运营成本、减少排放做出了积极贡献。随着科技的不断进步和创新，风能在海洋运输中的应用前景愈发广阔。未来，有望看到更多高效、环保的风力推进系统问世，为海洋运输行业的绿色发展注入新的活力。

（三）氢能源储存与运输技术的发展趋势

氢能源作为一种清洁、高效的能源形式，其在交通运输领域的应用前景备受瞩目。然而，要实现氢能源在交通运输中的广泛应用，其储存与运输技术无疑是关键所在。当前，氢能源的储存技术正朝着多样化和高效化的方向发展。高压气态储氢技术通过优化储存容器和压力控制系统，提高了储氢密度和安全性。液态储氢技术则致力于降低液化过程中的能耗和成本，同时探索更高效的液化方法。而固态储氢技术则是一种颇具潜力的新型储氢方式，其通过特定的化学反应或物理吸附将氢气储存于固态材料中，具有储存密度高、安全性好等优点。在运输方面,氢能源的运输技术也呈现出多元化的发展趋势,管道输送作为一种大规模的氢能源运输方式,具有连续性强、成本较低等优势。而车辆运输则更适用于小规模和灵活性的氢能源配送需求。

第四节　交通运输环境影响的评估与监测

一、交通运输环境影响评估概述

(一)评估的重要性

1. 保障生态环境的可持续性

交通运输项目的环境影响评估对于保障生态环境的可持续性具有至关重要的作用,这类评估通过综合运用多学科知识和技术手段,对项目建设和运营过程中可能引发的生态风险进行全面识别与深入分析。这不仅有助于及时发现潜在的生态环境问题,更能为采取有效的风险防范和缓解措施提供科学依据,从而确保生态环境的长期稳定和可持续发展。

2. 指导交通规划与决策

环境影响评估在交通规划与决策过程中发挥着不可或缺的指导作用,通过科学评估,规划者和决策者能够更为全面地了解交通运输项目对环境的实际影响,进而在项目设计和实施阶段充分融入环境保护理念。这不仅有助于提高交通发展策略的合理性和可持续性,更能确保交通项目在推动经济发展的同时,最大限度地减少对环境的负面影响。

3. 促进交通行业的绿色发展

环境影响评估是推动交通行业绿色发展的重要手段，通过深入评估交通运输项目的环境影响，行业内外能够更为清晰地认识到采用环保技术和材料的紧迫性和必要性。这将促使交通行业积极寻求创新解决方案，提高资源利用效率，减少能源消耗和污染排放，从而实现绿色转型和可持续发展。

4. 增强社会公众的环保意识

公开、透明的环境影响评估过程和结果对于增强社会公众的环保意识具有积极意义，这类评估不仅为公众提供了了解交通运输项目环境影响的途径，更通过科学的数据和结论展示环境保护的重要性。这将有助于激发公众对环境保护的关注和参与热情，推动全社会形成共同关注、共同参与环境保护的良好氛围，为构建人与自然和谐共生的社会奠定坚实基础。

（二）评估的基本原则

1. 科学性原则

在交通运输环境影响评估中，科学性原则是基石，要求评估工作必须严格遵循科学的方法和程序，确保所收集数据的真实性和可靠性，以及评估结论的客观性和准确性。为实现这一目标，评估人员需不断学习和掌握最新的科研成果和技术手段，将其应用于实际评估工作中，从而提高评估的水平和效率；同时，科学性原则还强调评估过程的可重复性和可验证性，以确保评估结果的可信度和科学性。

2. 预防性原则

预防性原则是交通运输环境影响评估中的重要指导原则，它强调评估工作应着眼于预防潜在的环境问题，而非仅仅对已经发生的影响进行描述和分析。这一原则要求评估人员在项目规划和实施阶段就积极介入，通过科学预测和识别可能产生的环境影响，提出相应的预防措施和解决方案，不仅可以有效避免或减少环境破坏的发生，还能降低未来环境治理的成本和风险，实现环境保护与经济发展的双赢。

3. 公众参与原则

公众参与原则是交通运输环境影响评估中不可或缺的一部分，体现了民主决策的精神，要求评估过程必须公开透明，充分保障公众的知情权、参与权和监督权。通过鼓励公众参与评估工作，不仅可以提高评估的公正性和可接受性，还能增强公众对环境保护的责任感和归属感；同时，公众参与还有助于及时发现和解决潜在的环境问题，推动评估工作的不断完善和进步。

4. 可持续性原则

可持续性原则是交通运输环境影响评估的核心价值所在。要求评估工作必须充分考虑项目的长期影响，确保项目在促进经济发展的同时，也能保护生态环境和满足未来社会的需求。为实现这一目标，评估人员需关注项目对当前环境状况的影响，同时预测未来环境变化的趋势，并提出相应的应对策略，不仅能确保项目的可持续发展，还能为后代留下一个良好的生态环境，实现人类社会的永续发展。

二、环境影响评估的方法与技术

（一）现场调查与数据收集技术

现场调查与数据收集技术是环境影响评估的基石，它对于确

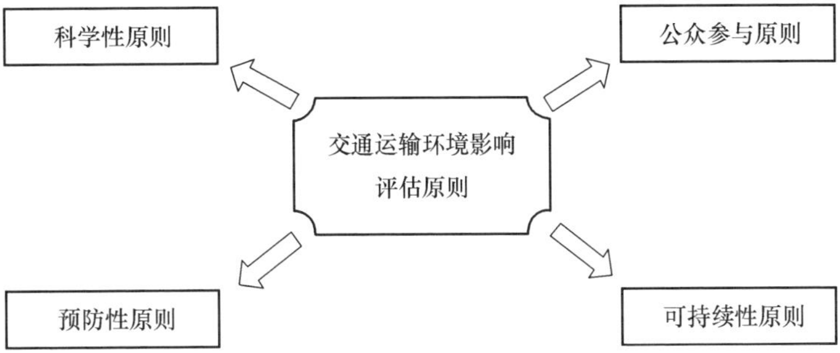

图 4-1　交通运输环境影响评估的原则

保评估结果的准确性和可靠性至关重要。在进行交通运输项目的环境影响评估时，评估人员必须深入项目所在区域，进行详尽的实地考察。这种考察不仅包括对地形地貌、气候水文以及生态植被等自然环境的细致观测，还涉及对项目区域内社会经济数据的全面收集。具体而言，地形地貌的调查有助于了解项目区域的地理特征，如山脉、河流、湖泊等，这些地理要素对交通运输项目的布局和建设具有重要影响。气候水文的观测则能够揭示项目区域的气候特点和水文状况，为评估项目对气候和水资源的影响提供关键信息。同时，生态植被的考察有助于了解项目区域的生物多样性及生态系统结构，从而评估项目对生态环境的潜在影响。此外，收集项目区域内的社会经济数据也是现场调查与数据收集技术的重要组成部分，包括但不限于人口分布、产业结构、经济发展水平等，它们对于评估交通运输项目对当地社会经济的影响具有关键作用。

（二）环境影响预测模型与方法

在众多环境影响预测模型中，空气质量模型和噪声传播模型是两种常用的重要工具，空气质量模型通过模拟和预测车辆排放对大气环境的影响,帮助评估人员了解项目运营后可能带来的空气质量变化。这种模型能够考虑多种因素,如气象条件、地形地貌以及污染源强度等,从而提供更为精确的预测结果。噪声传播模型则专注于预测交通噪声对周边居民的影响。通过模拟噪声的传播路径和衰减规律,该模型能够估算出不同距离和方位的噪声水平,进而评估项目对周边环境的噪声污染情况,这对于指导项目布局、优化交通线路以及采取降噪措施具有重要意义。

(三)现代科技在评估中的应用

随着遥感技术、地理信息系统(GIS)、大数据以及人工智能等高科技手段的不断发展,环境影响评估的精确度和效率得到了显著提升。遥感技术以其独特的优势在环境影响评估中发挥着重要作用。通过卫星或无人机等遥感平台,可以实现对项目区域的快速、大范围监测,从而及时获取项目对周边环境的影响信息。这种技术不仅提高了数据获取的效率和准确性,还为评估人员提供了更为全面的环境信息。地理信息系统(GIS)则是一种强大的空间信息分析工具。它能够对收集到的环境数据进行高效的管理、分析和可视化展示,帮助评估人员更直观地了解项目区域的环境状况及变化趋势。通过 GIS 技术,评估人员可以迅速识别出环境敏感区域和潜在风险点,为制定针对性的保护措施提供有力支持。

三、环境监测的主要内容与手段

(一)空气质量监测方法及手段

空气质量监测在环境监测领域中占据着举足轻重的地位,其核心目的在于深入探究交通运输过程中所排放的有害气体及颗粒物对大气环境的具体影响。为实现这一目的，采用多元化、高精度的监测手段显得尤为重要。其中，设置固定监测站点是最为基础且关键的监测方式之一。这些站点通常配备有先进的仪器设备，能够对空气中的各类污染物进行 24 小时不间断的自动监测。通过这种方式，可以获取到连续、稳定且高质量的监测数据，为后续的数据分析、污染预警以及政策制定提供有力支撑。此外，移动监测车和无人机等新型监测技术也在近年来得到了广泛应用。这些技术以其灵活性高、覆盖范围广等优势，在特定区域或时段的空气质量监测中发挥着越来越重要的作用。例如，在交通拥堵的城市中心或高速公路沿线，通过移动监测车可以实时获取这些区域的空气质量数据，从而更准确地评估交通运输对空气质量的影响。

（二）噪声污染监测技术

噪声污染作为交通运输过程中伴随产生的一种重要环境问题，对人们的生活质量和健康产生了不可忽视的影响。因此，开展噪声污染监测工作，准确掌握交通噪声的污染状况，对于采取有效的降噪措施、保护居民生活环境具有重要意义。在噪声污染监测技术方面，声级计和噪声自动监测系统是两种常用的监测手段。声级计作为一种便携式设备，可以方便地对交通噪声进行现场测量，快速获取噪声的实时数据。而噪声自动监测系统则能够在无人值守的情况下，对特定区域的噪声进行长期、连续的监测，提供更为全面、准确的噪声污染信息。通过这些监测手段的应用，可以深入了解交通噪声的强度、频率以及分布情况，从而及时发现噪声超标区域，为相关部门采取针对性的降噪措施提供有力支持；同时，这些监测数据还可以为噪声污染控制标准的制定和修订提供科学依据，推动交通运输行业的绿色、可持续发展。

（三）水质监测与保护方法

在交通运输项目的环境影响评估中，水质监测占据着至关重要的地位，鉴于交通运输活动可能对周边水体产生的潜在影响，全面、系统地开展水质监测工作显得尤为重要。这一监测过程涉及对水体的多项关键指标进行深入分析，旨在精准评估交通运输活动对水质的具体影响程度。在实施水质监测时，常采用的方法包括定期的采样分析与在线自动监测技术。采样分析通过对水体进行定点、定时的样品采集，进而在实验室环境下对样品的物理、化学及生物指标进行详细检测，这种方法能够提供关于水体质量的全面数据，为评估工作提供坚实的数据支撑。基于水质监测的结果，可以有针对性地采取一系列保护措施。例如，在交通运输项目规划阶段，通过优化交通线路、设置合理的缓冲区域等方式，减少对敏感水体的直接影响。

（四）生态监测与生物多样性保护

生态监测在交通运输项目环境影响评估中扮演着重要角色，其核心目标是深入探究项目对生态系统结构与功能的潜在影响，这一监测过程涵盖了多个生态要素，包括植被、土壤以及野生动物等，旨在全面揭示交通运输活动对生态环境的综合影响。为实现这一目标，生态监测采用了多种手段和技术。遥感监测技术通过卫星或无人机等高空平台，能够实现对项目区域生态环境的宏观监测与评估。这种技术手段具有覆盖范围广、信息获取迅速等优势，为及时发现生态环境问题提供了有力支持。与此同时，野外实地调查作为生态监测的另一重要手段，通过深入项目现场进行细致的观察与测量，能够更为准确地揭示交通运输活动对生态环境的实际影响。因此,在项目实施过程中,必须采取切实有效的保护措施,以维护生物多样性的稳定与可持续发展。

四、评估与监测结果的应用与管理

(一)结果报告与公开透明机制

在交通运输项目环境评估与监测的体系中,结果报告与公开透明机制构成了不可或缺的一环,该机制的核心在于确保评估与监测结果能够全面、准确且及时地传递给公众、政府部门以及各利益相关方,从而维护信息的透明度和公信力,保障各方的知情权与参与权。结果报告作为评估与监测工作的最终产出,其质量直接关系着信息传递的有效性和决策支持的可靠性。因此,报告内容必须详尽、准确,既要包含丰富的数据和分析,也要提出具有针对性的建议。公开透明机制的建立,不仅有助于提升评估与监测工作的公信力,还能够推动相关问题的及时解决,当公众和利益相关方能够便捷地获取到评估与监测结果时,他们便能够基于这些信息提出宝贵的意见和建议,促使相关部门及时响应并采取措施。

(二)利益相关方的参与与沟通策略

利益相关方的有效参与对于提升交通运输项目环境评估与监测工作的质量和可接受性具有显著意义,为实现这一目标,制定并执行一套科学、合理的沟通策略显得尤为重要。这套策略应着眼于确保各方在平等、公正的基础上充分表达自身意见和需求,进而为评估与监测工作的顺利实施创造有利环境。在实施沟通策略时,应注重多元沟通形式的运用。例如,通过组织听证会、座谈会等活动,可以为利益相关方提供一个直接表达诉求的平台。这些活动不仅有助于增进彼此之间的理解与信任，还能够为评估与监测团队提供宝贵的现场反馈；同时，建立信息反馈机制也是沟通策略的重要组成部分。

（三）问题整改与追踪监督体系

在交通运输项目环境评估与监测工作中，问题整改与追踪监督体系占据着举足轻重的地位，该体系旨在确保评估与监测过程中所发现的问题能够得到及时、有效的整改，从而防范潜在的环境风险，保障项目的可持续发展。为实现这一目标，必须明确整改责任主体，确保每个问题都有明确的责任归属。这有助于避免责任推诿，提高整改效率。同时，设定合理的整改期限也是至关重要的，它既能保证问题得到及时解决，又能避免因时间紧迫而导致的整改不彻底。在整改过程中，通过定期检查、专项督查等方式，可以对整改情况进行实时跟踪，确保整改措施得到有效执行。

（四）评估与监测数据的长期管理与应用

交通运输项目环境评估与监测数据蕴含着丰富的信息，对于指导未来环境保护工作具有不可估量的价值。数据的长期管理需要依托完善的数据档案管理制度，该制度应确保数据的完整性、安全性和可追溯性，从而防止数据丢失或损坏，保障数据的长期可用性。同时，随着信息技术的迅猛发展，利用现代手段对数据进行深度挖掘和分析已成为可能。通过对海量数据的处理和分析，可以提炼出有价值的信息，为环境保护决策提供有力支持。此外，推动数据共享与开放也是实现数据价值最大化的关键途径，通过打破部门壁垒，促进跨部门、跨领域的协同合作，可以共同推动环境保护事业的发展。

第五章　交通运输融资与投资

第一节　交通运输融资模式分析

一、交通运输融资概述

（一）融资在交通运输领域的作用

1. 推动基础设施建设

交通运输基础设施，如公路、铁路、机场和港口等，是现代社会经济发展的动脉，其建设需要大量的资金投入。融资活动为这些关键项目提供了必要的资金支持，确保了工程的顺利进行。通过多元化的融资渠道，包括政府拨款、银行贷款、社会资本参与等，有效地促进了交通网络的完善和发展。这种资金支持不仅加快了基础设施的建设速度，还提高了项目的建设质量，为社会的持续发展和人民的便捷出行奠定了坚实的基础。此外，融资还助力了基础设施的升级改造。随着科技的进步和环保需求的提升，交通运输基础设施需要不断进行技术更新和绿色改造，融资为这些改进提供了资金保障，推动了交通设施的现代化和环保化进程。

2. 提升运营效率与服务水平

融资在交通运输领域的另一个重要作用是提升运营效率与服

务水平，通过融资引入先进技术和管理经验，交通运输系统得以不断优化，从而提高了运营效率和服务质量。具体而言，融资支持可以帮助交通企业采购更先进的设备和技术，如智能化交通管理系统、高效能的运输工具等，这些都有助于缩短运输时间，提高运输效率。同时，融资还促进了国际交流与合作，使得国内交通企业能够接触到国际先进的管理理念和运营模式。通过借鉴和学习，企业可以提升自身的管理水平，提供更加人性化、便捷化的服务，满足公众日益增长的客货运输需求，这种提升不仅增强了交通企业的市场竞争力，也为整个社会带来了更为高效、便捷的交通运输环境。

3. 促进区域经济发展

交通运输作为区域经济发展的重要基石，其建设和发展对于区域经济的繁荣具有深远的影响。融资支持下的交通项目建设不仅能够改善区域的交通条件，提高区域的可达性和吸引力，还能够直接和间接地促进经济增长。具体而言，交通项目的建设本身就会创造大量的就业机会，带动相关产业的发展，如建筑业、制造业、服务业等。同时，改善的交通条件能够降低物流成本，提高市场效率，从而吸引更多的企业和资本进入该区域，促进产业集聚和经济发展。此外，便捷的交通网络还能够增强区域间的经济联系和合作，推动形成更加开放、协调的区域经济发展格局。

（二）交通运输融资的需求与特点

1. 资金需求量大

交通运输基础设施的建设，无论是公路、铁路、航空还是水上交通，都需要巨大的资金投入，这种需求不仅体现在建设初期，还包括后期的运营和维护。特别是在项目的初始阶段，土地购置、材料采购、人工费用以及各类专业设备的投入等，都会形成巨大的资金缺口。为了满足这一需求，项目方往往需要寻求多元化的融资渠道，如银行贷款、政府补贴、社会资本参与等；同时，资金需求量大的特点也要求项目方具备高效的资金管理和运用能力，以确保项目的顺利进行和资金的合理使用。

2. 投资回收期长

交通运输项目的投资回收期通常较长，这是由于这类项目的建设和运营周期长，且初期投入巨大，在项目的建设和运营过程中，需要经历一段时间的市场培育和客户积累，才能实现稳定的收益。因此，对于融资方而言，必须具备长期稳定的资金来源和足够的耐心。这一特点要求融资方在制定融资策略时，应充分考虑资金的流动性和风险承受能力，以应对可能的短期收益波动；同时，项目方也需要通过精细化的运营管理和市场策略，缩短投资回收期，降低资金风险。

3. 风险与收益并存

政策风险方面，政府政策的变化可能对项目的运营产生重大影响；市场风险则与市场需求、竞争态势等因素密切相关；技术风险主要来源于新技术的应用和设备的更新换代。这些风险因素要求投资者在决策时必须具备全面的风险评估和管理能力。为了降低风险，投资者可以采取多元化投资策略、加强项目前期的市场调研和可行性分析、建立风险预警和应对机制等措施。同时，通过与政府、行业组织等建立紧密的合作关系，及时获取政策信息和市场动态，也是降低风险的有效途径。

二、传统融资模式探讨

（一）政府拨款与财政支持

1. 政府直接投资模式

政府直接投资模式，作为公共财政分配的重要手段，体现了政府在经济发展中的引导与调控作用。在此模式下，政府运用财政资金，对公共项目或关键产业进行直接资本注入，从而确保项目的顺利推进与产业的稳健发展。这一过程中，政府不仅作为资金的提供者，更拥有项目的决策权与管理权，能够直接掌控资金流向，确保资金使用的效率与效益。该模式常被应用于基础设施、教育、医疗等公共领域，这些领域对于提升社会整体福祉与经济发展水平具有举足轻重的意义。政府直接投资的优点显而易见：资金量大，能够满足大型项目的资金需求；稳定性强，不受市场波动的影响；政策导向明确，有助于引导社会资本跟随投入。

2. 政府补贴与税收优惠政策

政府补贴与税收优惠政策，作为政府扶持特定行业、企业或项目的重要经济手段，对于促进市场经济的均衡发展与产业结构的优化升级具有不可替代的作用。政府补贴，通过向特定对象提供财政资助，旨在降低其运营成本，增强其市场竞争力，进而激发整个行业的创新活力与发展潜力。而税收优惠政策，则通过减轻企业或个人的税负，增加其可支配收入，从而刺激其投资与消费意愿，推动经济的持续增长。具体而言，政府补贴可以采取多种形式，如直接补贴、贷款贴息、研发资助等，这些补贴措施能够有针对性地解决企业在发展过程中遇到的资金瓶颈问题，促进其快速健康成长。税收优惠政策则包括但不限于减免税率、税收返还、免税期等,这些政策能够有效降低企业的税收负担,提高其盈利能力与市场竞争力。通过综合运用政府补贴与税收优惠政策,政府能够引导社会资金合理流动,优化资源配置结构,进而实现经济的可持续发展与社会的全面进步。

(二)银行贷款与金融机构融资

1. 商业银行贷款流程与条件

商业银行贷款,作为企业外部融资的重要渠道,其流程与条件的设定对于资金供需双方的权益保障至关重要。在贷款流程方面,通常涵盖申请、审批、放款及还款等多个环节,确保资金流动的合规性与安全性。企业需要向银行递交详尽的财务资料、经营规划及还款担保措施等,以便银行全面评估其信贷风险与还款能力。银行在审批过程中,会综合考虑企业的资信状况、抵押物或质押物的价值、所在行业的市场前景等多重因素,进而决定是否批准贷款申请以及具体的贷款额度与利率。商业银行贷款的优势在于其高度的灵活性、较大的资金规模及多样化的贷款期限,能够满足企业不同阶段的资金需求。然而,企业在享受贷款便利的同时,也需承担相应的利息支出与按期还款的压力。

2. 政策性银行及金融机构支持

政策性银行及金融机构在国民经济体系中占据着举足轻重的地位,它们以贯彻国家产业政策、区域发展政策为宗旨,为特定领域或行业提供有力的融资支持。相较于商业银行,政策性银行及金融机构在融资成本、贷款期限及还款方式等方面往往更具优势。这些机构通常能够以较低的利率提供长期稳定的资金支持,并根据企业的实际情况制订更为灵活的还款计划。此外,政策性银行及金融机构还致力于为企业提供全方位的风险管理工具与咨询服务,帮助其更好地应对市场波动与经营风险。因此,政策性银行及金融机构的支持对于推动企业技术创新、产业升级以及区域经济的均衡发展具有不可替代的重要作用。

(三)资本市场融资

1. 股票发行与上市融资

股票发行与上市融资是企业利用资本市场进行直接融资的一种重要策略,该方式允许企业通过公开发售股票,从广大投资者处筹集资金,进而用于扩大生产规模、提升技术水平、开拓新市场或进行其他有益于企业发展的投资活动。上市不仅为企业提供了更为广阔的融资平台,而且通过提高企业的公开透明度和市场关注度,显著提升了企业的知名度和信誉度。此外,上市还有助于企业完善内部治理结构,提高管理水平,从而增强其整体市场竞争力。然而,股票发行与上市并非易事,它要求企业必须符合一定的上市条件和标准,包括但不限于良好的财务状况、透明的信息披露制度以及完善的公司治理结构。同时,企业还需承担上市后的持续信息披露义务和接受更为严格的监管,这对其运营管理和风险控制能力提出了更高要求。

2. 债券发行与交易

债券发行是企业筹措中长期资金的一种有效方式,其允许企业通过发行债券,向广大投资者筹集资金。与股票融资不同,债券融资不会稀释企业的股权,且通常具有资金成本较低、期限结构灵活等优势。企业可以根据自身的资金需求和市场环境,选择发行不同类型的债券，如公司债、企业债等，以满足其多样化的融资需求。债券投资者在购买债券后，即成为企业的债权人，享有定期获取利息并在债券到期时收回本金的权利。然而，债券发行并非无风险，它要求企业必须具备良好的信用评级和偿债能力，以确保投资者的利益得到保障。

三、创新型融资模式介绍

（一）公私合营（PPP）模式

1. PPP 模式的基本概念与运作机制

公私合营（PPP）模式，作为一种创新的公共项目融资与实施方式，已在全球范围内得到广泛应用。该模式的核心在于政府与社会资本之间建立起一种利益共享、风险共担的合作伙伴关系。通过特许经营、股权合作等多样化的合作形式，政府能够引入社会资本的专业技术、管理经验和市场运作能力，从而增强公共产品和服务的供给能力。在这一模式下，政府不仅能够有效缓解财政压力，提高公共资源的配置效率，还能借助社会资本的力量，推动公共服务的质量和效率提升。同时，对于社会资本而言，PPP 模式也提供了一个稳定的投资平台，通过参与公共项目的建设与运营，实现资本的长期增值。

2. PPP 模式在交通运输领域的应用案例

交通运输领域作为国民经济的重要支柱，其基础设施的建设与运营对于促进区域经济发展、提升社会福祉具有重要意义。PPP 模式在这一领域的应用，不仅有助于解决政府单一投资主体下的资金瓶颈问题，还能通过引入市场竞争机制，提高交通运输服务的效率和质量。以深圳地铁为例,该项目通过采用 PPP 模式,成功吸引了社会资本参与地铁线路的建设与运营。这不仅减轻了政府的财政负担,还通过引入先进的管理技术和市场运营经验,提升了地铁服务的水平和效率。同样,在云南省多条高速公路的建设中,PPP 模式也发挥了重要作用。通过政府与社会资本的合作,这些高速公路项目得以顺利实施,为当地经济社会发展提供了有力的交通保障。

(二)资产证券化(ABS)融资模式

1. ABS 融资的原理与操作流程

资产证券化(ABS)融资,作为一种高效的资金融通方式,其核心原理在于将缺乏即时流动性但能够产生稳定、可预测现金流的资产,经过精细的结构化设计与安排,转化为可在金融市场上自由交易、流通的证券产品。这一过程实现了资产未来收益的提前变现,从而为原始权益人提供了灵活多样的融资途径。在实际操作中,ABS 融资的流程涵盖多个关键环节:首先是资产池的构建,即选择并汇集具有相似特征且能产生稳定现金流的资产;其次是风险隔离,通过设立特殊目的载体等方式,确保资产证券化与原始权益人的其他资产相互独立,从而降低潜在风险;再次是现金流的重组与优化,根据市场需求和投资者偏好,对资产池产生的现金流进行合理安排与调整;最后是证券化产品的设计与发行,包括确定证券类型、发行规模、利率结构等,并完成在市场上的销售与流通。

2. ABS 在交通运输项目中的优势与风险

在交通运输领域,资产证券化融资展现出了显著的优势,通过将交通基础设施等资产进行证券化,项目方能够降低融资成本,提高资金的利用效率，从而加速项目的建设与运营。同时，ABS 还有助于将沉淀的资产转化为流动的资本，增强了企业的资产流动性，优化了资产负债结构，进而提升了企业的市场竞争力。然而，不可忽视的是，ABS 融资也伴随着一定的风险。市场风险是其中之一，证券化产品的价格受到市场利率、宏观经济环境等多种因素的影响，可能出现波动甚至下跌。此外，信用风险亦不容忽视，若原始权益人或相关参与方出现违约行为，将直接影响证券化产品的兑付与投资者的利益。因此，在实施 ABS 融资时，项目方必须全面评估各种潜在风险，并制定相应的风险防范与应对措施，以确保融资活动的顺利进行。

（三）其他创新融资方式

1. 互联网金融与交通运输融资的结合

互联网金融与交通运输融资的深度融合，为交通运输行业开辟了新的资金筹措途径。借助互联网金融平台的高效便捷性，交通运输企业能够更迅速地接触到广泛的投资者群体，从而以更低的成本、更高的效率获得必要的资金支持。此外，互联网金融的灵活性和创新性使得融资方案更加多样化、个性化，更好地满足了交通运输企业不同阶段的融资需求。例如，通过线上支付系统，企业可以实时收付款，提高资金周转率；而 P2P 网贷模式则为企业提供了直接与投资者对接的渠道，降低了中间成本。这些互联网金融模式的应用，不仅缓解了交通运输企业的融资压力，还推动了整个行业的持续健康发展。

2. 绿色金融在交通运输领域的应用

绿色金融在交通运输领域的广泛应用，体现了金融活动与环境保护、可持续发展之间的和谐共生。在绿色金融理念的指导下,金融机构更倾向于支持那些具有环保效益、低碳排放的交通设施和运输方式。例如,新能源汽车的推广和普及就得到了绿色金融的大力支持,这不仅有助于减少传统燃油车带来的空气污染,还推动了新能源汽车产业链的发展和完善。同时,智能交通系统的建设也离不开绿色金融的资金支持和技术指导,它提高了交通运输的效率和安全性,降低了能耗和排放。

3. 股权众筹与交通运输项目融资

股权众筹作为一种新兴的创新型融资方式,在交通运输项目融资中发挥着越来越重要的作用。通过股权众筹平台,交通运输项目能够吸引大量投资者的关注和参与,从而筹集到项目所需资金。这种融资方式不仅降低了项目的融资门槛和成本,还提高了融资效率和成功率。同时,股权众筹的开放性和透明性也增强了投资者对项目的信任度和参与度,有助于激发投资者的创新精神和合作意愿。然而,在实施股权众筹时,项目方也需要注意合规性问题,确保筹资活动符合相关法律法规的要求,避免触碰法律红线。

第二节　交通运输项目的投资回报分析

一、投资回报概述

(一)投资回报的基本概念

投资回报是指投资者从其所投资的项目或资产中获得的收益或报酬,它体现了资本运作的效果与效率。在交通运输项目中,投资回报是评价项目经济可行性和吸引力的核心指标，涵盖了项目运营期间产生的所有经济流入，如运营收入、政府补贴等，与项目投资成本之间的差额。这一概念不仅反映了项目的直接经济效益，还间接体现了项目对社会经济发展的贡献。投资者通过分析项目的投资回报，能够科学评估项目的盈利潜力、风险水平及资金回收速度，从而为投资决策提供有力依据。在追求投资回报的过程中，投资者还需关注项目的长期可持续发展，确保投资活动与社会、环境目标相协调。

（二）交通运输项目投资回报的特点

1. 长期性与稳定性

交通运输项目投资回报的显著特点之一是其长期性与稳定性，由于这类项目涉及基础设施建设及长期运营，通常需要大额的初期资本投入，并且项目的运营周期较长。随着时间的推移和项目的逐步成熟，其产生的现金流逐渐稳定，能够为投资者提供持续且可预测的回报，这种长期稳定的回报特性使得交通运输项目成为众多投资者追求稳健收益的理想选择。此外，随着项目运营的深入，其品牌效应和市场份额的逐步积累，进一步巩固了项目的长期盈利能力。

2. 政策依赖性强

鉴于交通运输在国民经济中的基础性和先导性地位，政府的交通规划、补贴政策以及税费优惠措施等都会对项目收益产生深远影响。具体来说，政府的交通规划决定了项目的建设规模和运营路线，从而直接影响项目的客流和货源；而补贴政策和税费优惠则能够降低项目的运营成本，提高项目的盈利能力。因此，投资者在评估交通运输项目的投资回报时，必须充分考虑相关政策因素，以确保投资决策的准确性和前瞻性。

3. 风险与回报并存

交通运输项目投资回报的第三个特点是风险与回报并存，尽管这类项目通常具有稳定的收益预期，但投资者仍需面对多种潜在风险，如市场需求波动、运营效率低下、技术更新迭代等。这些风险因素可能对项目的运营产生不利影响，进而影响项目的投资回报。因此，投资者在追求稳定回报的同时，必须具备风险意识，通过制定科学的风险管理策略来降低潜在风险对项目的影响；同时，投资者还应关注项目的长期可持续发展能力，以确保项目能够在激烈的市场竞争中保持领先地位，为投资者带来持续且稳定的回报。

（三）影响交通运输项目投资回报的主要因素

1. 市场需求与竞争状况

市场需求的旺盛程度直接决定了项目的运营收入和市场份额，当市场需求持续增长时，项目有望吸引更多的客流和货源，从而提高运营效率和盈利能力，进而为投资者带来丰厚的回报。然而，市场竞争的激烈程度也会对回报水平产生显著影响。在高度竞争的市场环境中，项目可能需要采取价格竞争策略以吸引客户，这可能会压缩项目的利润空间，降低投资回报。因此，投资者在评估交通运输项目投资回报时，必须综合考虑市场需求和竞争状况，以制定合理的市场策略和投资决策。

2. 项目规模与地理位置

项目规模与地理位置是影响交通运输项目投资回报的另外两

个重要因素，项目规模的大小直接关系其能够承载的客流和货源量，进而影响项目的运营收入和盈利能力。规模较大的项目通常具有更高的市场份额和更强的议价能力，从而能够获得更高的投资回报。同时，地理位置的优越性也是提升项目投资回报的关键因素。位于交通枢纽或经济中心的项目，其可达性和吸引力通常更高，有助于项目快速吸引客流和货源，提高运营效率。

3. 成本控制与运营效率

有效的成本控制能够降低项目的运营成本，提高盈利能力，通过精细化管理、技术创新以及采购策略优化等方式，项目可以在保证服务质量的前提下，降低不必要的开支，从而提高投资回报。同时，高效的运营效率也是增加项目收入的关键。通过优化运营流程、提高设备利用率以及提升员工工作效率等措施，项目可以在单位时间内处理更多的客流和货源，从而增加运营收入和市场竞争力。因此，投资者在评估交通运输项目投资回报时，应充分考虑成本控制与运营效率这两个因素，以制定合理的投资策略和管理决策。

二、盈利能力分析

（一）交通运输项目的收入来源剖析

交通运输项目的收入来源主要包括客运收入、货运收入以及可能的政府补贴或广告收入等。客运收入依赖于乘客数量和票价水平，而货运收入则与货物运输量及运价紧密相关。政府补贴通常针对公共交通项目，以弥补运营成本与票款收入之间的差额，确保项目的可持续运营。广告收入则是通过在项目相关设施上展示广告来获得的额外收入。在分析收入来源时,需考虑各收入流的稳定性、增长潜力及市场竞争情况。例如,对于客运收入,应评估乘客需求的季节性波动、票价调整对乘客量的影响以及新竞争对手出现的可能性,对于货运收入,应关注货物运输市场的供需变化、运价波动以及运输效率的提升空间。

(二)成本结构与成本控制关键点

1. 成本结构分析

交通运输项目的成本结构深度剖析显示,其由固定成本和变动成本两大部分构成。固定成本,顾名思义,是指那些在项目运营过程中保持稳定,不随运输量的增减而变化的成本。这类成本主要包括基础设施的折旧费用、管理人员的薪酬以及日常行政开支等。它们构成了项目运营的基石,对于维持项目的正常运作至关重要。变动成本,与固定成本形成鲜明对比,它会随着运输量的变化而波动,这类成本主要包括燃料费用、设备维护修理费用以及与运输量直接相关的其他开支。变动成本的灵活性使得项目在运营过程中能够更好地适应市场需求的变化。深入理解成本结构,对于项目管理者而言,是进行有效成本控制和预算编制的前提,通过详细分析固定成本和变动成本的构成及变化趋势,管理者可以更加精确地预测项目的总成本,并据此制订合理的预算计划。

2. 关键成本控制点识别

燃料消耗作为变动成本的重要组成部分,直接影响项目的运营成本,通过优化运输路线、提升设备能效以及采用更高效的燃料管理系统,可以有效降低燃料成本。设备维护是确保运输安全和延长设备使用寿命的关键环节。实施预防性维护策略,定期检查和维护设备,可以减少突发故障的发生,从而降低额外的维修成本。在人力成本方面,合理的员工配置和激励机制对于提高工作效率和降低人力成本支出具有重要意义。通过优化招聘流程、提供专业培训以及建立绩效激励体系,可以激发员工的工作积极性,提高工作效率。

3. 成本控制策略与方法

针对上述识别的关键成本控制点,项目管理者可以采取一系列具体的策略和方法来进行成本控制。首先,引入先进的节能技术和设备是降低燃料消耗的有效途径。例如,采用更高效的发动机技术和轻量化设计可以减少设备的能耗。其次,建立完善的设备维护体系对于确保设备的正常运行至关重要。通过定期检查、预防性维护和及时响应故障,可以延长设备的使用寿命并减少突发故障带来的成本损失。在人力成本方面,优化员工队伍结构、提高员工素质和工作效率是关键。项目管理者可以通过制订合理的招聘计划、提供专业培训和职业发展机会以及建立有效的激励机制来吸引和留住优秀人才;同时,注重团队建设和员工沟通也可以提高员工的工作满意度和忠诚度,从而降低人力成本。

(三)利润水平及增长潜力评估

利润水平是评估交通运输项目盈利能力的重要指标,它反映了项目在扣除所有成本后的净收益。增长潜力则是指项目在未来一段时间内利润增长的可能性和空间。在评估利润水平时,应综合考虑项目的收入规模、成本结构以及市场竞争情况等因素。同时,还应关注政策法规变化、市场需求波动以及技术进步等外部因素对利润水平的影响。对于增长潜力的评估,可以从市场需求增长趋势、项目扩张计划以及行业发展趋势等角度进行分析。例如，随着城市化进程的加速和居民出行需求的增长，城市轨道交通项目具有较大的增长潜力；而随着物流行业的快速发展和电商平台的崛起，货运项目的增长潜力也值得关注。

三、回报周期评估

（一）内部收益率（IRR）在回报周期评估中的应用

1. IRR 的定义与计算方法

内部收益率，简称 IRR，是深入评估项目投资效益的关键指标，它并非简单地反映项目的表面收益，而是透过复杂的计算，精准地揭示了项目投资的实际收益率。这一指标的独特之处在于，它综合考虑了项目在整个生命周期内的现金流入与流出，从而提供了一个全面、动态的视角来审视项目的盈利能力。在交通运输项目的投资决策过程中，IRR 的重要性不言而喻。它如同一个精准的指南针，引导投资者在纷繁复杂的项目中选择出那些回报周期短、盈利能力强的优质项目。通过 IRR 的计算，投资者可以更加清晰地看到项目的盈利路径，从而做出更为明智和理性的投资决策。IRR 的计算方法涉及对项目现金流的细致分析，要求投资者详细列出项目的所有预期现金流入和流出，包括初始投资、运营成本、预期收益等。然后，通过特定的公式或财务软件，计算出使得项目净现值为零的折现率，即为 IRR，这一过程虽然复杂，但结果却极具参考价值，能够帮助投资者更加深入地了解项目的盈利潜力和回报速度。

2. IRR 在回报周期评估中的作用

在交通运输项目的投资回报周期评估中，IRR 不仅是衡量项目盈利能力的重要指标,更是评估项目投资回报周期的关键工具。通过精确计算项目的 IRR,投资者可以清晰地掌握项目从初始投资到实现预期收益所需的具体时间。一个较高的 IRR 通常意味着项目能够在较短的时间内实现预期收益,从而缩短了投资回报周期。这对于追求资金快速回笼的投资者来说无疑是一个积极的信号。因此,在评估不同交通运输项目时,投资者往往会将 IRR 作为重要的参考依据,以此来选择那些具有更高投资效益和更短回报周期的项目。此外,IRR 还可以用于比较不同投资项目的优劣,在多个备选项目中,具有更高 IRR 的项目往往更受投资者青睐。这是因为高 IRR 不仅代表了项目的高盈利能力,更意味着投资者可以在更短的时间内收回投资成本并获取收益。

3. 使用 IRR 进行风险评估

由于 IRR 综合考虑了项目的现金流入和流出,因此它可以作为衡量项目风险的一个有效指标。较低的 IRR 可能暗示着项目面临诸多不确定性因素,如市场需求波动、运营成本上升等,这些因素可能导致项目的实际收益低于预期。因此,通过观察 IRR 的高低,投资者可以对项目的风险水平有一个初步的判断。进一步地,IRR 可以与其他财务指标如净现值(NPV)、投资回收期(PBP)等结合使用,为投资者提供更加全面的风险评估。例如,一个项目可能具有较高的 NPV 但较低的 IRR,这意味着虽然项目的总体盈利能力良好,但回报速度较慢,可能面临较大的市场风险。通过综合分析这些指标,投资者可以更加准确地评估项目的风险状况,从而制定出更为合理的投资策略。

（二）优化回报周期的策略与措施

1. 提高项目运营效率

在交通运输项目中，运营效率的提升直接关联到成本降低和服务质量提高，进而促进项目盈利能力的增强和回报周期的缩短。为实现这一目标，项目管理者需关注多个方面的优化。运输路线的优化是提高运营效率的关键环节。通过深入分析现有运输路线，结合先进的路径规划算法，项目可以设计出更为高效、经济的运输路线，不仅能减少运输过程中的时间和能源消耗，还能降低车辆维护成本和事故风险。提高设备利用率也是提升运营效率的重要手段。项目应确保设备在合理的工作负载下运行，避免过度使用导致的损坏或闲置造成的浪费。通过定期维护和保养设备，可以延长其使用寿命，减少维修成本，并确保设备始终处于最佳工作状态。

2. 多元化收入来源

为优化交通运输项目的回报周期，多元化收入来源成为一种有效的策略，传统上，项目往往依赖单一的客运或货运收入，然而，这种模式在面临市场波动或竞争压力时可能显得脆弱。因此，探索多元化的收入来源对于确保项目的稳定收益和缩短回报周期具有重要意义。广告收入是多元化策略中的一个重要组成部分，交通运输项目通常拥有广泛的覆盖面和受众群体，为开展广告业务提供了得天独厚的优势。通过在车辆、站点或相关平台上展示广告，项目可以获得额外的收入来源，同时也有助于提升品牌知名度和市场影响力。增值服务收入也是多元化策略的关键一环，项目可以考虑提供一系列增值服务，如货物保险、快速配送、定制化运输方案等，以满足客户多样化的需求。

第三节　风险管理与资金安全保障

一、风险识别与评估

(一)风险识别流程

风险识别在交通运输融资与投资过程中占据着举足轻重的地位,它是确保项目顺利推进、资金安全得到保障的首要环节。这一流程的实施,旨在全面、系统地排查和剖析项目潜在的风险因素,从而为后续的风险评估和管理奠定坚实基础。在启动风险识别流程之初,明确项目的目标和背景显得尤为重要。这不仅有助于界定风险识别的范围和重点,更能确保风险识别的针对性与实效性。通过深入了解项目的具体情况,包括其融资结构、投资规模、运营模式等,可以更为精准地定位可能存在的风险点。随后,广泛搜集项目风险信息成为关键一步。这一过程中,应综合运用多种手段,如查阅相关资料、进行实地考察、寻求专家咨询等,以确保风险信息的全面性和准确性。同时,信息的时效性和动态性也不容忽视,应及时更新和调整风险信息库,以反映项目的最新风险状况。在搜集到大量风险信息后,如何对其进行有效的整理和分类成为接下来的重点。

(二)定量与定性风险评估方法

在交通运输融资与投资的风险评估领域,定量与定性评估方法共同构成了全面、多维度的评估体系,这两种方法各有侧重,相互补充,为项目决策者提供了更为全面、深入的风险认知。定量风险评估方法主要依赖于数学模型和统计数据,通过对项目风险进行量化分析,得出具体的风险数值。其中,概率分析是常用的一种手段,它通过对历史数据的统计和分析,预测风险事件发生的可能性。而敏感性分析则旨在揭示项目关键指标变动对整体风险水平的影响程度,从而帮助决策者把握风险控制的重点。这些量化分析方法具有客观性强、精度高的特点,能够为项目风险管理提供有力的数据支持。与定量评估方法不同,定性风险评估方法更注重对风险性质的判断和描述。这类方法通常依赖于专家经验和主观判断,如专家打分法就是通过邀请领域内的专家对各项风险进行评分,从而得出风险的大小和排序。而风险矩阵法则是通过构建二维矩阵,结合风险事件的发生概率和可能造成的损失,对项目的整体风险水平进行综合评估。

(三)风险矩阵的构建与应用

风险矩阵作为一种系统化的风险评估工具,在交通运输融资与投资领域的应用日益广泛,其通过整合风险事件的发生概率和潜在损失,以直观、简明的方式展示项目的风险分布和严重程度,为项目管理者提供了有力的决策支持。在构建风险矩阵时,项目团队需综合考虑项目的实际情况和风险特点。首先,通过深入分析项目的历史数据、市场环境以及运营模式等因素,确定可能面临的风险类型及其发生概率。其次,结合项目的具体目标和资源状况,评估各类风险事件发生后可能造成的损失程度。在此基础上,将风险事件的发生概率和损失程度作为两个主要维度,构建二维风险矩阵。在风险矩阵的应用过程中,项目团队可以根据实际情况对风险进行分级管理,针对不同等级的风险,制定相应的应对措施和预案,确保项目的顺利进行。同时,风险矩阵还可以作为项目团队与利益相关者之间沟通的重要工具,有助于增强各方对项目风险状况的理解和认同。

二、风险应对策略

(一)风险规避措施

在交通运输融资与投资领域,风险规避被视为一种积极主动的风险管理策略,其核心目的在于通过预防措施,避免风险事件的发生,从而确保项目的稳健推进和资金安全。在实施风险规避措施时,项目团队需将重点关注放在项目的前期规划和设计阶段,这是因为这两个阶段对于项目的整体走向和成功与否具有决定性的影响。深入的市场调研是规避市场风险的关键步骤。通过对市场需求的细致分析、对竞争对手的全面了解以及对行业趋势的准确预测,项目团队能够制定出更为精准的市场策略,避免盲目进入高风险领域。同时,精确的项目定位也是不可或缺的环节,它有助于项目团队明确自身的优势和劣势,从而合理规避潜在的市场风险。在合同条款的设定中,明确各方的责任与义务是规避法律风险的重要手段。项目团队应细致审查合同条款,确保其清晰明确、无歧义,并覆盖所有可能的风险点。这样做不仅可以避免因合同不明确而引发的纠纷和损失,还能在风险事件发生时,为项目团队提供有力的法律保障。

(二)风险降低技术

风险降低技术在交通运输项目中发挥着至关重要的作用,旨在通过一系列措施来减少风险事件的不利影响。这些技术不仅涵盖了项目管理流程的改进,还包括设备维护水平的提升以及运输路线的优化等多个方面。引入先进的信息管理系统是降低项目风险的有效途径之一。这类系统能够实时监控项目的进展情况,及时发现潜在的问题并采取相应的解决措施。通过这种方式,项目团队可以更加精准地掌控项目的推进节奏,有效降低项目延期或成本超支等风险的发生概率。同时,加强设备的预防性维护和保养也是至关重要的。通过定期对设备进行全面的检查和维护,可以确保其处于良好的工作状态,延长使用寿命并减少故障发生的可能性。除此之外,优化运输路线也是降低风险的重要手段,项目团队应根据实际情况选择最佳的运输路线,以避开潜在的风险点并减少不必要的运输成本。

(三)风险转移与分担机制

在交通运输融资与投资领域,风险转移与分担机制构成了项目风险管理策略的重要组成部分。风险转移机制的核心在于将项目面临的部分风险转嫁给其他具备承担能力的主体,如保险公司、承包商等。通过购买相应的保险产品或签订有利的合同条款,项目团队可以将潜在损失的法律责任或经济后果转移给这些外部主体。例如,工程保险能够覆盖因自然灾害或意外事故导致的项目损失,从而减轻项目团队在不可预见事件发生时所承担的经济压力。与此同时,风险分担机制则侧重于与项目相关的各方之间建立合理的利益分配和风险共担关系。这通常涉及与承包商、供应商、运营商等关键利益相关方进行深入的协商和谈判,以达成共识并建立长期稳定的合作关系。通过明确各方的责任边界、权益分配以及风险分担比例,项目团队能够确保在风险事件发生时,各方能够按照事先约定的方式共同承担责任和损失。

三、资金安全保障体系

（一）资金流监控与预警系统

在交通运输融资与投资领域，资金流监控与预警系统构成了资金安全保障体系的核心组件，该系统的建立与完善，旨在为资金的合规使用、风险防控以及决策支持提供坚实的数据基础和技术支撑。资金流监控系统通过实时追踪资金的流向和使用情况，确保每一笔资金都能按照既定的预算和计划进行合理分配。这种监控机制不仅提高了资金使用的透明度，使得投资者和管理者能够清晰掌握资金的动态情况，还强化了资金管理的效率，减少了因信息滞后或不对称而引发的风险。预警系统作为资金流监控的延伸，其作用在于及时发现资金流动中的异常情况或潜在风险，并向管理人员发出警报，这种预警机制的设置，使得管理人员能够在第一时间对风险事件做出响应，采取相应的风险控制措施，从而有效防止资金损失的发生或扩大。

（二）内部控制与审计制度

内部控制与审计制度在交通运输融资与投资项目中扮演着资金安全保障的重要角色，内部控制制度的建立旨在规范项目内部的财务管理流程，确保每一笔资金的流动都符合法律法规、行业标准和项目内部的管理规定。通过明确的职责分工、合理的审批权限设置以及标准化的操作流程，内部控制制度能够有效地防止内部舞弊、错误和不当行为的发生，从而保障资金的安全与完整。而审计制度则是对内部控制效果的一种独立评估和监督机制。定期进行的内部审计能够全面审查项目内部的财务管理活动，发现并纠正可能存在的问题和漏洞，确保内部控制制度的持续有效运行。同时，内部审计还能为管理层提供有关资金管理和风险控制方面的有价值建议，帮助项目方不断完善自身的管理体系。

(三)外部监管与合规性检查

在交通运输融资与投资领域，外部监管与合规性检查是确保资金安全不可或缺的环节，这些措施通过引入政府监管部门、行业协会等外部力量，对项目运营进行全面审视和监督，从而保障资金使用的合法性和规范性。外部监管主要由政府相关机构实施，包括对项目的财务状况、资金流动以及管理运营等各方面的定期或不定期审查。这种监管方式具有强制性和权威性，能够确保项目严格遵守国家法律法规，防止资金被非法挪用或滥用。同时，政府监管部门还会根据市场情况和政策导向，对项目进行必要的指导和调控，以维护行业的稳定发展和市场的公平竞争。合规性检查则更多地关注项目是否符合行业标准、融资协议以及国际惯例等要求，这类检查通常由行业协会、专业机构或投资者自身进行，旨在评估项目的运营效率和风险管理水平。通过合规性检查，可以及时发现并纠正项目运营中存在的问题和不足，确保其持续符合市场和投资者的期望。

四、风险管理与资金安全的融合

(一)风险管理在资金调度中的应用

在交通运输融资与投资过程中，风险管理与资金调度之间存在着紧密的联系，风险管理不仅是识别、评估和控制潜在风险的过程，同时也为资金调度提供了重要的指导和依据。通过深入的风险识别与评估，项目团队能够更准确地了解各环节的风险状况，从而为资金调度提供更加精准的基础数据。在面临高风险环节时，项目可以依据风险评估结果，适时调整资金分配策略，确保关键领域和薄弱环节的资金投入，降低因资金短缺而导致的风险事件发生概率。这种基于风险的资金调度方式，不仅优化了资金的使用效率，还显著提升了项目对风险的应对能力。此外，风险管理还有助于预测潜在的资金需求，通过对未来可能出现的风险事件进行预测和分析，项目团队可以估算出相应的资金需求，并提前做好资金储备。

（二）资金安全对风险管理的支撑作用

资金安全在交通运输融资与投资项目中具有举足轻重的地位，不仅关系项目的正常运营，更对风险管理起着至关重要的支撑作用。首先，确保资金安全意味着项目拥有稳定的财务基础，能够应对各种突发情况和风险事件。当项目面临潜在损失时，充足的资金储备可以迅速弥补损失，降低风险对项目的冲击。其次，资金安全保障体系的建立与完善，如通过实施严格的内部控制和审计制度，能够确保资金使用的合规性和有效性。这种透明和规范的管理环境有助于及时发现并解决潜在的风险问题，防止风险进一步蔓延和扩大。再者，稳健的资金状况直接提升了项目的市场信誉和竞争力。在复杂多变的市场环境中，一个资金安全、运营稳定的项目往往能够吸引更多的投资者和合作伙伴，从而增强项目的抗风险能力。

（三）构建风险管理与资金安全协同机制

在交通运输融资与投资领域，构建风险管理与资金安全的协同机制显得至关重要,这一机制的建立旨在打破传统管理中风险与资金相互独立的局面,实现两者之间的良性互动与深度融合。具体而言,项目应首先设立跨部门的风险管理与资金安全协调小组。该小组负责统筹协调各部门之间的沟通与合作,确保风险信息与资金状况的实时共享,从而实现管理策略的协同与统一。通过这种跨部门协作,项目能够更全面地了解自身的风险与资金状况,为制定更加科学合理的决策提供有力支持。同时,定期的风险评估与资金安全审查也是协同机制中的重要环节,通过定期对项目的风险状况和资金安全进行全面审查,项目团队可以及时发现并解决存在的问题,确保风险管理与资金安全始终保持在最佳状态。

第六章　交通运输人力资源管理

第一节　人才招聘与选拔机制

一、招聘需求分析与计划制订

（一）招聘需求分析

1. 企业战略与业务发展趋势研究

在招聘需求分析中，对企业战略与业务发展趋势的深入研究具有至关重要的意义，企业战略不仅规划了组织未来的发展方向，而且为人力资源规划提供了基本框架。在交通运输行业，这种分析尤为关键，因为行业的特殊性要求人才配置必须紧密跟随业务发展的步伐。例如，当企业计划开拓新的运输线路或增加运输频次时，对驾驶员、调度员等关键岗位的需求会相应上升。为了精准预测未来一段时间内企业对各类人才的需求，必须紧密关注企业的长远规划、市场定位以及业务拓展方向。这需要通过收集和分析大量的市场数据、行业报告以及企业内部资料，从而准确把握行业发展趋势和市场竞争态势。

2. 现有人力资源状况评估

对现有人力资源状况的评估是招聘需求分析中不可或缺的一

环，这一评估的目的在于全面了解企业当前员工队伍的结构、能力和绩效，从而判断现有人力资源是否能够满足企业未来发展的需要。这种评估不仅涉及员工数量、年龄、性别等基本信息，更重要的是对员工的专业技能、工作经验、工作态度以及发展潜力等进行深入剖析。通过这一评估，企业可以及时发现某些岗位存在的人员过剩或不足情况，并据此调整招聘计划，以确保人力资源的合理配置。此外，评估现有人力资源还有助于企业发现潜在的人才储备，这些人才可能在未来的发展中成为企业的中坚力量。因此，对现有人力资源状况的评估不仅关乎当前的招聘需求，更影响着企业的长远人才战略。

3. 岗位需求与人才缺口预测

基于对企业战略与业务发展趋势的深入研究以及现有人力资源状况的细致评估，可以对各岗位的未来需求进行更为精准的预测。这种预测不仅包括岗位数量的变化，还涉及岗位职责、技能要求以及工作经验等方面的转变。通过对比岗位需求与现有人才的匹配程度，企业可以准确识别出人才缺口，从而有针对性地制订招聘计划。例如，在智能交通技术迅猛发展的背景下，交通运输企业可能对掌握相关技术的人才产生更大需求，这就要求企业在招聘需求分析中充分考虑技术进步对岗位需求的影响，并据此预测相应的人才缺口。

（二）招聘计划制订

1. 确定招聘目标与原则

在制订招聘计划的过程中，明确招聘目标与原则是至关重要的步骤，招聘目标不仅关乎企业当前的人力资源需求，更与企业整体发展战略紧密相连。确保所招聘人才能够为企业发展做出积极贡献,是制定招聘目标时的核心考量。同时,招聘原则的确立也是保障招聘过程公平、公正、公开的关键。这些原则不仅体现了企业对人才的尊重与重视,更有助于提升招聘过程的透明度和公信力,从而吸引更多优秀人才参与竞聘。为实现招聘目标与原则的有效确立,企业需进行深入的市场调研和内部需求分析,以明确自身在人才市场上的定位与需求。

2. 招聘人数与岗位设置

在确定招聘人数与岗位设置时,企业必须综合考虑多方面因素,以确保决策的科学性和合理性。首先,企业的发展战略和业务规模对招聘人数和岗位设置具有决定性影响。企业应根据自身的发展规划和业务拓展情况,预测未来一段时间内的人力资源需求,从而确定合理的招聘人数。其次,现有人力资源状况也是制订招聘计划的重要依据。企业应对现有员工的结构、能力、绩效等进行全面评估,了解现有人力资源的优势和不足,以便更好地进行岗位设置和人员补充。在确定具体岗位时,企业应明确各岗位的工作职责、技能要求以及预期的工作成果,以便更好地吸引和选拔合适的人才。

3. 时间表与关键节点规划

招聘工作的有序进行离不开详细的时间表和对关键节点的合理规划。时间表作为招聘计划的重要组成部分,能够确保各项招聘活动按照既定的时间框架推进。在制定时间表时,企业应充分考虑招聘工作的复杂性和不确定性,为各阶段活动预留合理的时间裕量,以应对可能出现的延误或突发情况。关键节点的规划则是确保招聘工作高效执行的关键所在。这些节点通常包括需求分析完成、招聘计划审批、招聘渠道发布、简历筛选截止、面试安排以及最终录用通知等关键环节。通过明确这些节点的具体时间和任务要求,企业能够实时监控招聘工作的进展情况,及时发现问题并采取相应的解决措施。同时,关键节点的规划还有助于企业合理分配资源,确保招聘工作在关键时期得到足够的支持和关注。

二、招聘渠道的选择与拓展

(一)传统招聘渠道应用

1. 线上招聘平台合作

线上招聘平台在人力资源领域的应用已日趋成熟,成为交通运输行业寻觅人才的关键途径,其广泛的覆盖范围与高效的信息传递机制,使得岗位信息能够迅速触达广大求职者群体。与知名招聘网站建立合作关系,不仅能让交通运输企业的岗位信息得到更广泛的传播,还能利用线上平台的筛选功能,高效地识别出符合岗位需求的潜在候选人。此筛选过程大幅提升了招聘工作的精准度和效率,减少了不必要的时间和资源浪费。更值得一提的是,线上招聘的成本相较于传统的线下招聘方式大幅降低,有助于企业实现资源的最优化配置,从而在激烈的市场竞争中保持优势地位。

2. 校园招聘活动策划与实施

校园招聘对于交通运输企业而言,不仅是补充新鲜人才的重要方式,更是培养和储备未来领导力量的关键策略。通过深入高校,开展精心策划的招聘活动,企业不仅有机会接触到众多优秀的青年学子,还能在这个过程中塑造和强化自身的品牌形象。在校园招聘的各个环节中,如宣讲会、互动环节以及后续的面试流程,企业都有机会与学子们进行深入的交流与互动，这不仅能帮助企业更全面地了解候选人的能力、性格与潜力，还能让学子们更加了解企业文化和发展前景，从而做出更明智的职业选择。

3. 行业内部推荐机制建立

在交通运输行业，建立有效的内部推荐机制对于优化招聘流程、提高招聘质量具有重要意义。通过鼓励现有员工积极推荐合适的候选人，企业能够有效地拓宽招聘渠道，接触更多具备相关经验和专业技能的优秀人才。这种内部推荐的方式，不仅提高了招聘的针对性和效率，还在一定程度上降低了招聘过程中的风险和不确定性。更重要的是，内部推荐机制能够激发员工的参与感和归属感，使他们更加积极地参与到企业的招聘活动中来。当员工意识到自己的推荐能够为企业带来实实在在的价值时，他们的忠诚度和工作热情也会得到显著提升。

（二）创新招聘渠道探索

1. 社交媒体招聘策略

在数字化时代，社交媒体的广泛应用为企业招聘带来了新的机遇，交通运输企业可积极拥抱这一趋势，深入探索社交媒体在招聘领域中的策略应用。通过微博、微信等主流社交平台，企业可以发布最新的招聘信息，迅速触及广大求职者。重要的是，社交媒体不仅仅是信息发布渠道，更是企业与潜在人才互动的桥梁。通过精心策划内容，如发布与岗位相关的趣味知识、行业动态或互动话题，企业能够塑造鲜活的品牌形象，吸引更多人才的关注与参与，这不仅提升了招聘信息的传播效率，还增强了企业与求职者之间的情感连接，从而有效增强招聘效果。

2. 专业人才社区合作与互动

专业人才社区作为特定行业内人才的聚集地，为交通运输企业提供了宝贵的招聘资源。与这些社区建立合作关系，意味着企业能够直接接触到大量具备相关技能和经验的专业人才。通过在社区中积极参与讨论、分享行业前沿知识，企业不仅能够展示自身的专业实力，还能加深与行业内人士的联系与互动。这种深度的参与和互动有助于提升企业在行业内的知名度和影响力，进而吸引更多优秀人才的加入。与专业人才社区的合作，不仅拓宽了企业的招聘渠道，更为企业构建了一个持续吸引和挖掘行业精英的平台。

3. 定向招聘与猎头服务合作

定向招聘与猎头服务是交通运输企业在招聘高端人才时不可忽视的重要策略。定向招聘允许企业根据特定岗位的需求，精准锁定目标人才群体，从而提高招聘的针对性和成功率。而猎头服务则凭借其专业的寻访能力和丰富的人才资源，为企业提供了一种高效、便捷的人才引进方式。通过与猎头公司合作，企业能够迅速接触到市场上难以寻觅的优秀人才，为企业的快速发展注入新的活力，两种策略的结合运用，不仅提升了企业招聘的效率和质量，更为企业构建一支高素质、专业化的人才队伍提供了有力保障。

三、选拔标准与流程的设定

（一）选拔标准明确

1. 专业技能与知识要求梳理

在交通运输行业的人才选拔过程中，明确各岗位所需的专业技能和知识储备至关重要,它不仅是确保人才与岗位匹配的基础,也是提升企业整体运营效率的关键。通过深入梳理各岗位的职责范围、核心工作内容以及预期达成的目标,企业能够构建出一套系统、全面的专业技能与知识要求清单。这套清单不仅应涵盖基础的专业知识和操作技能,还应包括行业前沿动态、最新技术趋势等相关内容。在选拔过程中,依据这套清单对候选人的专业能力和知识水平进行细致、全面的评估,有助于企业精准地识别出那些真正具备岗位所需专业技能和知识的人才,从而为企业的长远发展奠定坚实的人才基础。

2. 工作经验与成果预期设定

在选拔交通运输行业的人才时,对工作经验的考量与对成果预期的设定同样占据举足轻重的地位,工作经验是候选人过往工作实践的积累,能够直接反映其应对实际问题的能力和水平。因此,企业应根据具体岗位的职责和工作内容,合理设定对候选人工作经验的要求。同时,明确候选人在未来岗位中需要达成的具体成果预期,不仅有助于选拔出那些已经取得显著成绩、具备实战经验的人才,还能激发候选人在未来工作中的积极性和创造性。通过综合权衡候选人的工作经验与成果预期,企业能够更加科学、全面地评估其岗位适应性和发展潜力,进而选拔出真正符合企业需求的高素质人才。

3. 个人素质与企业文化契合度评估

在交通运输企业的人才选拔中,对个人素质的评估与对企业文化契合度的考量是不可或缺的环节,个人素质涵盖了候选人的沟通能力、团队协作能力、创新思维以及解决问题的能力等多个方面,这些因素对于候选人在未来岗位上的表现具有深远的影响。

同时,企业文化作为塑造员工行为和价值观的关键因素,选拔与其高度契合的人才对于维护企业内部和谐、促进团队协同合作具有重要意义。在选拔过程中,企业应通过面试、情境模拟等多种手段,深入探究候选人的个人素质特征和价值观取向,确保其与企业所倡导的文化理念相契合。

(二)选拔流程设计

1. 简历筛选标准与流程优化

在交通运输企业的人才选拔中,简历筛选作为整个流程的起点,其重要性不言而喻。为提高筛选的效率和准确性,制定一套明确、科学的简历筛选标准显得尤为关键。这些标准应围绕岗位的核心需求,涵盖教育背景、工作经验、技能掌握等多个维度,从而确保筛选出的候选人具备岗位所需的基本素质。同时,流程的优化也是提升筛选效率的重要手段。借助自动化工具,如简历解析软件、关键词匹配系统等,可以大幅减少人工筛选的时间和成本,提高筛选的精确度和一致性。此外,定期回顾和调整筛选标准,以适应行业和市场的变化,也是保持筛选流程有效性的必要举措。

2. 初步面试环节安排与要点

初步面试是选拔流程中的关键环节,旨在通过面对面的交流,对候选人的专业能力、个人素质及岗位适应性进行更为深入的评估。为确保面试的有效性和公正性,企业应精心安排面试环境,营造舒适、专业的氛围,以缓解候选人的紧张情绪,促进真实、自然的交流。在面试过程中,面试官应围绕岗位的核心职责和预期目标,设计具有针对性的问题,引导候选人充分展示其专业知识、实践经验和解决问题的能力;同时,面试官还需注意提问的方式和语气,避免引导性或歧视性问题的出现，以确保面试结果的客观性和准确性。

3. 深入评估方法选择与实施步骤

在初步面试的基础上，对于表现出色的候选人，企业需要进一步采用更为深入的评估方法，以全面揭示其潜在能力和发展前景。技能测试、案例分析、团队模拟等多种评估手段可以相互补充，共同构建起一个多维度的评估体系。技能测试能够客观衡量候选人在专业领域内的实际操作能力；案例分析则有助于考查候选人分析问题、制订解决方案的能力；而团队模拟则能揭示候选人在团队协作中的表现和行为模式。在实施深入评估时，企业应制订详尽的步骤和计划，明确评估的目标、内容、方法和时间安排，确保评估过程的严谨性和有效性；同时，评估结果应及时反馈并融入选拔决策中，以便企业能够精准地选拔出符合岗位需求、具备发展潜力的优秀人才。

第二节　员工培训与职业发展路径

一、员工培训的目的

（一）提升员工专业技能与知识水平

在探讨员工培训的目的时，提升员工专业技能与知识水平无疑占据核心地位，这一目标的实现，对于交通运输行业尤为重要。鉴于该行业技术的快速更新与迭代，员工必须保持持续学习的状态，以适应不断变化的工作环境。通过系统化的培训，员工得以接触并掌握最新的行业技术知识，从而提升其工作效率和操作准确性。这种提升不仅直接反映在员工的工作表现上，更深远地影响着企业的整体运营效率和市场竞争力。进一步而言，专业技能与知识的增强还有助于员工更好地应对复杂多变的工作挑战。在交通运输领域，员工可能面临各种突发情况和复杂问题，这就要求他们具备高度的专业素养和应变能力。通过培训，员工可以拓宽视野，增强问题解决能力，进而提升个人的职业竞争力，这不仅有助于员工的个人成长，也为企业培养了一支高素质、高适应性的员工队伍。

（二）增强员工对企业文化和价值观的认同感

员工培训的一个重要目的在于增强员工对企业文化和价值观的认同感。企业文化和价值观是企业的灵魂，它们塑造着企业的行为方式和决策准则。通过培训，企业可以将这些核心理念有效地传递给员工，引导员工形成与企业相契合的思维模式和行为习惯。当员工深刻理解和认同企业的文化和价值观时，他们将更加自觉地将其融入日常工作中，从而展现出更高的工作热情和责任感。认同感不仅激发了员工的内在动力，促使他们更加积极地为企业的发展贡献力量，而且还能够增强员工的组织归属感和忠诚度。在高度竞争的市场环境中，拥有这样一支稳定且高效的员工队伍，无疑是企业宝贵的资产和持续竞争优势的源泉。因此，通过培训来增强员工对企业文化和价值观的认同感，不仅是企业人力资源管理的关键任务，也是企业实现长远发展的战略举措。

（三）促进员工个人成长与职业发展

通过参与多元化的培训活动，员工不仅能够获得新的知识和技能，更重要的是能够深入了解自身的优势和不足。这种自我认知的过程对于明确职业定位和发展方向至关重要。培训为员工提供了一个反思和自我评估的平台，使他们能够更加清晰地认识到自己在职业道路上的位置和目标。此外，培训还为员工开辟了新的学习机会和成长空间。在不断变化的工作环境中，持续学习和成长成为员工职业发展的关键。通过培训，员工可以接触到前沿的行业知识和技术，从而拓宽视野、提升专业能力，并不断实现自我价值的提升。当员工感受到企业在他们的职业发展上给予的支持和投入时，他们更有可能对工作保持高度的热情和投入，进而形成更加积极向上的工作态度。

（四）提高企业整体运营效率与竞争力

员工培训对于提升企业整体运营效率与竞争力同样具有不可替代的作用。一支具备高素质和高技能的员工队伍是企业宝贵的资产，也是构筑核心竞争力的基石。通过系统性的培训，企业可以塑造出一支高效、专业且团结协作的团队，这样的团队在日常运营中能够更迅速、更准确地响应市场需求，提供优质的服务和产品。同时，员工培训还有助于企业更好地应对市场的动态变化。在快速变化的市场环境中，企业需要具备高度的灵活性和适应性。通过不断提升员工的能力，企业可以更加敏锐地捕捉市场机遇，及时调整战略和业务模式，从而在激烈的市场竞争中保持领先地位。因此，从长远来看，员工培训不仅是一项成本投入，更是一种战略投资，它为企业带来了持续的竞争优势和可观的经济效益。

二、培训内容与方法的选择

(一)明确培训的需求与目标

在进行员工培训之前,明确培训的需求与目标显得尤为重要,这是确保培训效果最大化的基础。为了精准地识别这些需求与目标,企业需要对员工的现有能力水平进行全面而深入的评估。这种评估不仅应涵盖员工的专业技能,还应包括他们的知识水平、工作态度以及团队协作能力等多个方面。通过这种全面的评估,企业能够更为准确地发现员工在哪些方面与岗位要求或业务发展存在不匹配,从而揭示出亟须弥补的技能和知识缺口。与此同时,企业还需紧密结合自身的长远规划和当前的市场趋势,为培训活动设定具体而明确的目标。这些目标可能包括提升员工在某一关键领域的技能水平,或是培养他们具备某种特定的工作态度。通过设定这些明确的目标,企业不仅能够为后续的培训内容设计提供清晰的方向指引,还能确保所开展的每一项培训活动都具备高度的针对性和实效性。

(二)选择适合的培训内容与课程

在选择适合的培训内容与课程时,企业必须认识到这是决定培训成功与否的关键因素,为了确保所选内容与课程的适宜性,企业需要深入考虑员工实际的学习需求,以及这些需求与企业整体战略目标之间的契合度,要求企业在选择课程时,不仅要关注课程内容的系统性和完整性,确保其能够全面覆盖员工需要提升的技能点,还要注重课程的前瞻性和创新性,以便适时引入行业前沿知识和最新技术动态。此外,针对不同岗位和层级的员工,企业还需设计出具有差异化的培训内容。这是因为不同员工群体在知识背景、工作经验以及职业发展目标等方面都存在显著的差异，因此他们的学习需求也必然各不相同。通过提供个性化的培训内容，企业能够更好地满足不同员工群体的学习需求，进而激发他们的学习热情和参与度。

（三）采用多元化的培训方法与技术

企业为了更有效地促进员工的学习与发展，必须摒弃传统的、单一的课堂讲授模式，积极探索并实践多元化的培训方法。这包括但不限于线上学习平台的利用，通过该平台，员工可以根据自身的时间安排和学习进度进行自主学习，从而实现学习资源的最大化利用。同时，工作坊、案例分析以及角色扮演等互动式学习方法的引入，能够极大地激发员工的学习兴趣和参与热情，使他们在积极互动中深化对知识的理解和技能的掌握。此外，随着科技的进步，先进的培训技术如虚拟现实（VR）和增强现实（AR）等，也为员工培训提供了新的可能。这些技术能够模拟真实的工作场景，为员工提供身临其境的学习体验，从而在提升学习效果的同时，也增强了员工应对实际工作挑战的能力。因此，企业在设计员工培训方案时，应充分考虑并灵活运用这些多元化的培训方法与技术，以期在提升员工专业素养和技能水平的同时，也为企业的长远发展奠定坚实的人才基础。

（四）确保培训过程的互动性与实践性

互动性作为现代培训理念的核心要素之一，其重要性在于能够促进学员与讲师之间、学员与学员之间的深度交流与合作。通过精心设计的互动环节，如小组讨论、问答交流等，培训过程不仅能够及时反馈学员的学习成果,还能根据学员的反馈调整教学进度和策略,从而实现更加个性化的学习体验。与此同时,实践性在员工培训中同样占据不可替代的地位。理论知识的学习固然重要,但唯有通过实践操作,学员才能真正将所学知识转化为实际工作能力。因此,培训过程中应特别强调实践性环节的设计与实施,如通过实操练习、模拟演练以及项目实战等方式,让学员在动手实践中深化对理论知识的理解,并切实提升他们的实际操作能力。

三、职业发展路径规划与设计

(一)明确职业发展目标与方向

在员工职业发展规划的过程中,明确职业发展的目标与方向是首要步骤。该步骤要求企业与员工进行深入沟通,共同确定员工的长期和短期职业期望。这不是一个单方面的设定过程,而是一个双向的、互动的交流过程。企业需要通过有效的沟通机制,了解并掌握员工的兴趣、专长、职业抱负以及个人价值观,从而帮助员工设定既符合其个人特点和发展愿望,又与企业整体战略和发展目标相契合的职业发展方向。明确的职业发展目标为员工提供了清晰、具体的前进指引,使得员工能够有针对性地规划自己的职业生涯,避免盲目性和随意性。同时,这也有助于企业更加精准地进行人才培养和激励,提高人才的使用效率,降低人才流失率。通过这种方式,企业能够构建一支稳定、高效、有战斗力的团队,为企业的可持续发展提供坚实的人才保障。

(二)设计多元化的职业发展路径

设计多元化的职业发展路径,是满足员工个性化需求、激发员工潜力的重要举措,在现代企业中,员工的职业发展需求日益多样化,单一的职业发展路径已无法满足所有员工的需求。因此,企业需要根据员工的个人特点、职业兴趣和职业规划,设计出多元化的职业发展路径。路径包括但不限于管理岗位晋升、专业技术深化、跨部门轮岗、项目管理等多种选择。管理岗位晋升路径适合那些具有领导才能和潜力的员工,通过逐步承担更多的管理职责来培养他们的领导能力。专业技术深化路径则针对那些在专业领域有浓厚兴趣和专长的员工,通过提供专业培训和实践机会来提升他们的专业技能水平。

(三)建立职业发展支持与辅导体系

在员工职业发展的过程中,建立一套完善的支持与辅导体系不仅能够帮助员工更好地应对职业发展中的各种挑战,还能提升他们的职业技能和心理素质,从而推动其职业生涯的顺利发展。为了实现这一目标,企业应致力于构建专门的职业发展辅导机制,该机制应涵盖职业咨询、技能培训以及心理辅导等多个层面。通过定期的职业咨询服务,员工可以获得关于职业路径选择、技能提升以及职场关系处理等方面的专业建议,从而更加明确自己的职业定位和发展方向。同时,技能培训服务则能够针对员工的具体工作需求,提供实用、高效的技能提升课程,帮助他们在专业领域内不断深耕和进步。此外,心理辅导服务也是不可或缺的一环,它能够帮助员工有效应对工作压力、职业倦怠等心理问题,提升他们的工作幸福感和满意度。

(四)鼓励员工自我管理与职业规划

在推动员工职业发展的过程中,自我管理不仅涉及员工对自身职业兴趣、优势和不足的深入了解,更包括他们根据这些信息制订并执行个性化职业发展计划的能力,这种自主性和前瞻性对于员工在职业生涯中持续成长并取得成功具有不可替代的作用。为了实现这一目标,企业应提供必要的支持和资源。例如,通过引入职业规划工具,帮助员工更系统地评估自身现状和未来目标,从而制定出更具针对性的职业发展策略。同时,提供丰富的培训课程和在线资源,使员工能够根据自身需求灵活选择学习内容和进度,不断提升职业技能和知识水平。此外,建立开放的沟通渠道也是关键所在,企业应鼓励员工与管理层就职业发展问题进行定期交流,这不仅有助于管理层更全面地了解员工的职业期望和需求,从而提供更精准的支持和指导,同时也能增强员工的归属感和忠诚度,促进企业内部形成更加和谐稳定的工作氛围。

四、职业晋升通道与条件设置

(一)设立清晰的职业晋升通道

在交通运输企业的人力资源管理中,设立清晰、透明的职业晋升通道显得尤为关键,该举措对于明确员工在企业内部的成长路径、激发其工作动力以及提升企业整体竞争力具有显著意义。为了实现这一目标,企业必须深入剖析各个岗位的职业发展路径,这包括但不限于从初级到高级的职位序列以及与之相对应的技能和经验要求。通过绘制详尽的职业发展地图,企业可以为员工提供一个清晰、可视化的成长蓝图,从而引导他们更加有针对性地规划自己的职业生涯。同时,透明的晋升通道也是企业吸引和留住人才的重要法宝。在人才竞争日益激烈的当下,一个充满机遇和发展空间的职业环境往往能够成为人才选择企业的关键因素。

(二)制定合理的晋升条件与标准

制定合理的晋升条件与标准,是确保交通运输企业职业晋升通道公平、有效的核心环节,晋升条件与标准的设定,应紧密结合企业实际和不同岗位的工作特性,全面考量员工的工作年限、绩效成果、技能掌握程度以及潜在能力等多个维度。具体而言,工作年限可以体现员工的忠诚度和经验积累;绩效成果是评价员工工作表现的重要依据;技能掌握程度则直接关系员工能否胜任更高层次的工作;而潜在能力则预示着员工未来的发展空间。这些条件的设定既要具备一定的挑战性,以激发员工的上进心和求知欲,又要符合企业实际和员工能力水平,避免过高或过低的门槛导致晋升通道的阻塞或失效。

(三)建立公平公正的晋升评价机制

在交通运输企业中,建立公平公正的晋升评价机制是确保员工职业发展顺畅进行的关键所在,该机制旨在通过科学、客观的评价方法,全面、准确地评估员工的工作表现和发展潜力,从而为晋升决策提供有力依据。为实现这一目标,企业应组建由资深管理人员和专业人士构成的晋升评价小组,确保评价过程的专业性和权威性。小组成员需具备丰富的行业经验和深厚的专业知识,以便能够深入剖析员工的工作表现,并给出具有针对性的评价意见。同时,评价过程必须严格遵循既定的标准和程序,确保评价的客观性和公正性。此外,评价结果的及时反馈也是至关重要的,它不仅能让员工了解自己的工作表现和发展状况,还能为他们提供改进的方向和动力。

(四)提供晋升后的持续支持与激励

员工晋升后,为确保其能够在新的职位上持续发挥潜力并取得更大成就,企业必须提供全方位的支持与激励,包括针对新职位所需的技能和知识进行深入培训,帮助员工迅速适应新的工作角色和要求。同时,薪酬和福利作为员工价值的重要体现,也应根据员工的晋升情况进行相应调整,以彰显企业对员工贡献的认可和尊重。除此之外,企业还应为员工创造一个更加宽松、有利于创新的工作环境,包括赋予员工更大的工作自主权和决策权,鼓励他们在新岗位上勇于尝试、不断创新。通过这种方式,企业不仅能够激发员工的创造力和工作热情,还能有效推动组织的持续进步和发展。

第三节　绩效考核与激励机制设计

一、绩效考核指标体系构建

(一)关键绩效指标(KPI)的选择

在构建绩效考核指标体系时,关键绩效指标(KPI)的选择至关重要,KPI是衡量员工绩效表现的基础,直接反映了组织战略目标的实现程度。选择KPI时,应遵循SMART原则,即具体性、可衡量性、可实现性、相关性和时限性。具体性要求指标明确、具体,避免模糊性描述;可衡量性强调指标应能够量化或行为化,便于评估;可实现性是指标应具有挑战性但又不脱离实际;相关性则要求指标与组织目标密切相关;时限性则规定了指标的完成期限。在实际操作中，KPI 的选择应结合行业特点、组织战略和岗位职责进行。例如，在交通运输行业，安全指标、效率指标和服务质量指标等通常被视为关键绩效指标，这些指标不仅体现了行业的核心要求，也直接关系组织的整体绩效和长远发展。

（二）绩效指标权重分配

绩效指标权重分配是绩效考核体系设计的又一重要环节，权重的合理分配能够确保考核的公正性和有效性，同时引导员工关注重点绩效领域。在分配权重时，应综合考虑指标的重要性、紧急性和难易程度。重要性高的指标应赋予较大的权重，以体现其对组织目标实现的贡献程度；紧急性强的指标也应适当增加权重，以应对外部环境的变化和挑战；难易程度则需根据实际情况进行调整，避免权重分配过于集中或分散。此外，权重的分配还应结合组织的战略导向和员工的岗位职责。对于战略重点相关的指标，应给予更大的权重，以强化战略执行力度；对于不同岗位的员工，也应根据其职责范围和工作重点，合理分配各项指标的权重。

（三）考核周期的设定

考核周期的设定在绩效考核体系中也具有不可忽视的作用，合理的考核周期能够确保考核的及时性和准确性，同时减轻考核工作的负担。在设定考核周期时，应综合考虑行业特点、组织规模、岗位性质以及指标类型等因素。例如，在交通运输行业，由于业务运营的连续性和实时性要求较高，因此可能需要设定相对较短的考核周期，以便及时发现问题并进行调整。另外，不同岗位的考核周期也应有所区别。对于高层管理人员和关键技术人员等核心岗位，由于其工作成果往往需要较长时间才能显现，因此可以设定较长的考核周期;而对于基层员工和一线操作人员等岗位,由于其工作表现直接影响着组织的日常运营,因此应设定较短的考核周期以便进行实时监控和管理。

二、激励机制理论基础

(一)激励与动机理论

激励与动机理论是组织行为学的核心内容,对于理解和设计有效的激励机制至关重要。动机是推动个体行为的内在力量,而激励则是通过外部手段来增强或引导这种内在动机。在组织管理领域,激励的目的在于通过满足员工的需求和期望,促使其展现出更高的工作积极性和绩效。激励与动机理论众多,其中,期望理论、公平理论和强化理论等尤为突出。期望理论强调个体行为基于对未来结果的预期,因此,设置明确且可实现的目标对于激发员工动机至关重要。公平理论则关注个体对报酬与投入之间比例关系的感知,认为员工会将自己的付出与回报与他人进行比较,从而调整自己的行为。强化理论则侧重于通过奖励和惩罚来塑造和改变员工行为。这些理论共同构成了激励机制设计的理论基础,指导着管理者如何根据员工的不同需求和动机,制定有针对性的激励策略。

表 6-1　激励与动机理论

理论名称	核心观点	应用重点
期望理论	个体行为基于对未来结果的预期	设置明确且可实现的目标对于激发员工动机至关重要

续表6-1

理论名称	核心观点	应用重点
公平理论	关注个体对报酬与投入比例关系的感知,员工会将自己的付出与回报与他人比较	强调报酬分配的公平性和合理性,以避免员工产生不公平感
强化理论	通过奖励和惩罚来塑造和改变员工行为	管理者需根据员工行为及时给予正向或负向反馈

(二)需求层次理论与激励机制

需求层次理论,特别是马斯洛的需求层次理论,为激励机制的设计提供了重要的理论支撑。该理论将人类需求划分为生理需求、安全需求、社交需求、尊重需求和自我实现需求五个层次,这些需求按照优先级从低到高排列。在激励机制设计中,需求层次理论的应用体现在对员工不同层次需求的识别和满足上。例如,针对生理和安全需求,组织可以提供稳定的薪酬和福利制度;对于社交需求,可以营造良好的团队氛围和提供团队活动机会;在尊重需求方面,通过给予员工表扬、晋升等荣誉和地位的提升来满足;而对于自我实现需求,组织应提供挑战性的工作任务、培训和发展机会,帮助员工实现个人成长和职业发展。需求层次理论与激励机制的紧密结合,有助于组织更精确地把握员工的需求差异,从而设计出更加个性化和有效的激励方案,不仅能提升员工的工作满意度和忠诚度,还能促进组织整体绩效的提升。

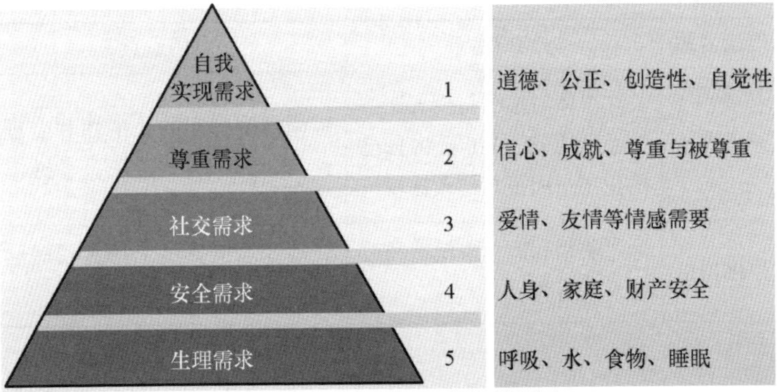

图 6-1　马斯洛需求层次理论

三、物质激励机制设计

(一)薪酬体系设计原则

薪酬体系设计在物质激励机制中占据着举足轻重的地位,其设计必须严谨、科学,并遵循公平、竞争、激励和可持续四大原则。公平性是薪酬体系设计的基石,它要求组织在薪酬分配上实现内部一致性和外部竞争性。内部一致性体现在相同或相似职位的员工应获得相当的薪酬,以确保组织内部的和谐与稳定;外部竞争性则要求组织的薪酬水平与行业市场水平保持同步,从而能够吸引和留住优秀人才。竞争性原则进一步强调了薪酬体系在人才市场竞争中的重要性,一个具有竞争力的薪酬体系能够帮助组织在激烈的人才争夺中脱颖而出。激励性原则是薪酬体系设计的核心,它主张将薪酬与个人绩效紧密挂钩,通过差异化的薪酬分配来激发员工的工作积极性和创造力。最后,可持续性原则要求薪酬体系具备灵活性和可调整性，能够随着组织的发展和市场环境的变化而进行相应的调整，以确保其长期有效性和适应性。

（二）绩效奖金与福利制度

绩效奖金作为一种可变薪酬，旨在根据员工的工作表现和达成的业绩给予额外的报酬，以此鼓励员工追求更高的工作目标并付出更多的努力。通过设立明确的绩效标准和奖励机制，组织能够引导员工关注重点绩效领域，并激发其内在的工作动力。福利制度则涵盖了各种非直接薪资形式的补偿和待遇，如医疗保险、退休金计划、带薪休假等。这些福利措施旨在提高员工的生活质量和工作满意度，从而增强其对组织的忠诚度和归属感。一个完善的福利制度不仅能够满足员工的基本需求，还能够传递组织对员工的关心和尊重，进而促进员工与组织之间的情感纽带和合作意愿。

（三）股权激励计划

股权激励计划作为一种长期的物质激励方式，在现代企业管理中越来越受到重视。通过向员工提供公司股权或股票期权，股权激励计划使员工成为公司的“合伙人”，与公司共享成长和价值增值的成果。这种激励方式不仅有助于激发员工的工作热情和创新精神，还能够促进员工与公司利益的紧密绑定，形成共同发展的良好局面。在股权激励计划的实施过程中，员工能够更直观地感受到自身努力与公司发展之间的直接联系，从而更加投入地工作并致力于实现公司的长远目标。同时，股权激励计划也有助于吸引和留住优秀人才，提高公司的整体竞争力和市场地位。然而，为了确保股权激励计划的有效性和可持续性，组织需要制订科学合理的实施方案和管理机制,并持续关注市场动态和员工需求的变化,以便及时调整和优化激励策略。

四、非物质激励机制设计

(一)晋升机会与职业发展路径

在非物质激励机制中,晋升机会与职业发展路径的设计至关重要。它不仅是激发员工长期工作动力的关键因素,也是组织实现人才战略和可持续发展的重要保障。为员工提供清晰的晋升通道,意味着为他们绘制了一幅明确的职业成长蓝图。通过设立多层次、多维度的职位等级和晋升标准,组织能够引导员工不断挑战自我,追求卓越。同时,这种设计也体现了组织对员工个人价值和职业发展的高度重视,有助于增强员工的组织认同感和忠诚度;而多样化的职业发展路径则为员工提供了更广阔的职业空间和选择机会。组织应鼓励员工根据自身兴趣、特长和组织需求,选择适合自己的职业发展方向。通过提供跨部门、跨职能的轮岗交流、项目参与等机会,员工能够拓宽视野,增强综合能力,实现职业生涯的多元化发展。这不仅有助于员工提升职业素养和竞争力,也能为组织培养更多具备全局思维和创新能力的人才。

(二)培训与提升计划

培训与提升计划在非物质激励中具有举足轻重的地位,它们是组织帮助员工实现自我成长和提升、增强职业竞争力的重要途径。通过定期的技能培训,员工能够不断更新专业知识,掌握行业前沿技术,提升工作效率和质量。领导力发展计划则针对管理岗位的员工,通过系统的培训和实践锻炼,提升他们的领导才能和管理水平,为组织的持续发展储备优秀的管理人才。此外,专业知识更新课程也是培训与提升计划的重要组成部分。随着科技的飞速发展和市场竞争的日益激烈,员工必须不断学习新知识、新技能,才能适应不断变化的工作环境。组织应提供丰富多样的在线课程、研讨会等学习资源,支持员工根据自身需求进行自主学习和提升。

(三)员工认可与荣誉体系

员工认可与荣誉体系在非物质激励中扮演着举足轻重的角色,它们通过及时、公开的认可和表彰,传递组织对员工贡献和价值的肯定与赞赏,从而极大地增强员工的自豪感和归属感。一个完善的员工认可机制应贯穿于组织的各个层面和日常工作之中,让员工感受到自己的每一份努力都能得到组织的关注与认可。同时,荣誉体系的建立也是激发员工积极性和创造力的重要手段。通过设立多样化的奖项,如“最佳员工奖”“创新奖”“团队合作奖”等,组织能够鼓励员工在不同领域和岗位上展现才华,追求卓越,这些奖项不仅是对员工过去表现的肯定,更是对他们未来发展的期望与激励。

五、激励机制与绩效考核的衔接

(一)绩效考核结果在激励机制中的应用

1. 薪酬调整的依据

在人力资源管理实践中,绩效考核结果被视为薪酬调整的核心依据,其重要性不言而喻。薪酬作为员工工作回报的直接体现,其调整必须建立在公正、客观的基础之上，而绩效考核正提供了这样一个量化、可比的评价体系。通过系统、科学的绩效考核，组织能够全面评估员工在岗位上的工作表现，包括工作态度、工作能力、工作成果等多个维度，从而确保薪酬调整的针对性和准确性。具体而言，组织可以根据员工的绩效考核结果，设定不同的薪酬调整幅度和方向。对于绩效表现优秀的员工，给予更高的薪酬增幅，以体现其工作价值和贡献；对于绩效表现一般的员工，则可以适当调整薪酬，以激励其改进工作、提升绩效。这种以绩效考核结果为依据的薪酬调整机制，不仅有助于实现组织内部的薪酬公平，更能够激发员工的工作积极性，引导员工将个人目标与组织目标相结合，共同推动组织的发展。

2. 奖金分配的基础

奖金作为激励机制的重要组成部分，其分配同样需要依赖于绩效考核结果。奖金的目的在于奖励那些在工作中做出突出贡献的员工，以激励全体员工向优秀看齐，共同提升工作绩效。因此，奖金的分配必须建立在客观、公正的绩效考核基础之上，以确保奖金的发放能够真正起到激励作用。在实践中，组织可以根据员工的绩效考核结果，设定多层次的奖金体系。通过设定不同的奖金等级和发放标准，实现奖金与员工绩效的精准匹配。这种以绩效考核结果为基础的奖金分配机制，既能够确保优秀员工的贡献得到应有的回报，又能够激发其他员工的竞争意识，形成积极向上的工作氛围。

3. 晋升机会的参考

在现代企业中，晋升不仅是员工职业发展的重要标志，更是组织选拔和培养人才的重要途径。因此，晋升机会的决策必须建立在全面、客观的绩效考核基础之上，以确保晋升的公正性和有效性。具体而言，组织可以通过对员工长期绩效的跟踪和分析，识别出那些在工作中持续表现出色、具有发展潜力的员工，对于这些员工，组织可以提供更多的晋升机会和职业发展空间，如安排参加高级培训、承担更重要的工作任务等，以帮助他们实现个人价值的最大化。同时，这种以绩效考核结果为依据的晋升决策机制，也能够为组织选拔出真正具备领导才能和专业素养的优秀人才，为组织的长远发展奠定坚实的人才基础。

（二）个性化激励机制的建立

1. 考虑员工需求的多样性

在构建个性化激励机制的过程中，组织必须深入洞察员工需求的多样性，每个员工都是独一无二的个体，他们在职业发展、薪酬福利、工作挑战等方面拥有不同的期望和偏好。这种多样性源于员工的个人背景、能力特长、价值观以及生活阶段等多种因素。

为了有效应对员工需求的多样性，组织需要通过系统的员工调查和分析来洞察员工的内心世界，包括运用问卷调查、面对面访谈、焦点小组讨论等多种方法，全面了解员工对工作的期望、对职业发展的规划以及对薪酬福利的偏好。通过这些数据，组织可以绘制出员工需求的全景图，为制定针对性的激励机制提供坚实的依据。

2. 设计差异化的激励方案

在充分了解员工需求的基础上，组织应着手设计差异化的激励方案，意味着组织需要摒弃传统的“一刀切”式激励做法，转而为员工提供更加精准、个性化的激励措施。具体而言，组织可以根据员工的职业发展期望,为其量身定制成长路径,包括提供专业培训、轮岗机会以及领导力发展计划等。在薪酬福利方面,组织可以引入弹性福利制度,让员工根据自身需求选择适合的福利组合。此外,为了激发员工的创造力,组织还可以创造富有挑战性的工作环境,鼓励员工参与跨部门项目、承担更多责任等。通过这些差异化的激励方案,组织能够更大程度地满足员工的个性化需求,进而激发其工作热情和创造力。

3. 实施动态调整的激励策略

个性化激励机制的建立并非一蹴而就,而是一个持续优化的过程,随着员工需求和市场环境的不断变化,组织必须及时调整激励策略,以确保其时效性和有效性。为了实现这一目标,组织需要建立一套灵活的激励管理机制。这包括定期对激励效果进行评估,收集员工的反馈意见,以及分析市场趋势和行业动态。基于这些信息,组织可以对现有的激励方案进行必要的调整和优化,以更好地适应员工需求和市场变化;同时,组织还应保持与员工的开放沟通,及时了解他们的新期望和新需求,并据此调整激励策略。通过这种动态调整的激励策略,组织能够持续激发员工的工作动力,推动组织绩效的不断提升。

参考文献

［1］彭仲仁，等．交通引领城市可持续发展：中国交通发展与变革40年［M］．上海：上海交通大学出版社，2020.

［2］王永杰，等．中国交通公共政策问题：实践与发展研究［M］．北京：电子工业出版社，2019.

［3］鲍成志．近代中国交通变迁与城市兴衰研究［M］．成都：四川大学出版社，2017.

［4］付新平．公路甩挂运输理论、实践与政策［M］．武汉：武汉理工大学出版社，2016.

［5］赵光辉，朱谷生．互联网+交通：智能交通新革命时代来临［M］．北京：人民邮电出版社，2016.

［6］温慧敏，等．城市交通大脑未来城市智慧交通体系［M］．北京：电子工业出版社，2022.

［7］陈学武，程龙．城市低收入人群出行方式选择机理与交通改善策略［M］．南京：南京东南大学出版社，2018.

［8］张强．综合交通运输体系对民航发展的影响［J］．中国航务周刊，2024，(41)：67-69.

［9］林晨．新常态背景下城市交通运输规划体系建设研究［J］．中国航务周刊，2024，(40)：68-70.

［10］付彦．铁路运输企业集中采供全面绩效评价体系构建［J］．铁路采购与物流，2024，19(09)：33-35.

[11]刘广魁. 现代综合交通运输理论体系构建与发展趋势研究[J]. 运输经理世界,2024,(27):151-153.
[12]李名良. 加快交通运输业率先现代化支撑现代化产业体系建设[J]. 宏观经济管理,2024,(09):10-18.
[13]白华清. 探析交通运输企业管理会计体系建设[J]. 中国储运,2024,(09):58-59.
[14]兰永利. 绿色发展理念构建低碳交通运输经济体系[J]. 商展经济,2024,(16):122-125.
[15]周泉. 综合交通运输体系构建与发展战略研究[J]. 人民公交,2024,(16):18-20.
[16]刘峻豪,黄鑫昊. 智慧交通运输对区域经济发展的影响分析[J]. 防灾减灾工程学报,2024,44(04):986-987.
[17]唐建庄. 公路运输经济对现代物流体系的影响[J]. 中国航务周刊,2024,(26):60-62.
[18]严新平,韩亚,吴兵,等. 水路交通系统的发展现状与未来展望[J]. 中国航海,2024,47(02):145-152.
[19]陈晓晓. 交通运输物流公共信息平台信用体系建设现状与对策[J]. 中国航务周刊,2024,(24):45-47.
[20]丁维霞. 交通运输系统价值分析理论的探讨[J]. 时代汽车,2024,(09):196-198.
[21]屈伟. 绿色交通运输体系的经济效益与环境影响分析[J]. 中国航务周刊,2024,(13):54-56.
[22]佚名. 构建更加公平、高效、可持续的现代综合交通运输体系[J]. 科技导报,2024,42(03):137.
[23]连会莹. 优化城市交通布局对区域运输经济的影响分析[J]. 中国航务周刊,2024,(44):63-65.

[24]黄宏宇.大数据时代交通运输经济面临的机遇与挑战[J].中国航务周刊,2024,(43):60-62.

[25]张艳丽.公路运输节能减排策略研究[J].中国航务周刊,2024,(42):76-78.

[26]刘峰.基于交通运输一体化的铁路运输的发展路径[J].中国航务周刊,2024,(42):58-60.

[27]周炜.交通运输经济发展面临的挑战和措施分析[J].中国航务周刊,2024,(41):61-63.

[28]李翠."互联网+"背景下交通运输经济面临的挑战和发展策略研究[J].中国储运,2024,(10):109-110.

[29]程传振.交通运输经济发展现状相关问题研究[J].中国航务周刊,2024,(39):66-68.

[30]李少宁.新经济背景下提升交通运输经济管理信息化水平的思考[J].中国市场,2024,(25):181-184.